Stefan Wolter (Hg.)

Kreuzfahrt vor dem Krieg

Mit dem Vergnügungsdampfer Meteor nach Norwegen -1913

Schriftenreihe Denk-MAL-Prora, Bd. 4

Die Abbildungen sind dem Reisetagebuch des Verfassers Georg Klaffehn entnommen. Zumeist handelt es sich um Bilder aus einer zeitgenössischen Werbebroschüre.
Abb. S. 21 stellt eine organisierte Orientfahrt vor hundert Jahren dar.
Abb. S. 6 (Prora) Aufnahme Repke, S. 119 (Kyritz) Aufnahmen Wolter.

Impressum

1. Auflage

Mitglied im Börsenverein des Deutschen Buchhandels

Satz und Druck: Buchfabrik Halle · www.buchfabrik-halle.de

ISBN 978-3-95486-163-7
Preis: 9,80 Euro

Inhalt

Maritimes Gemälde im einstigen Bereich für die Medizinische Versorgung in Block I (ehemaliges NVA-Erholungsheim) in der DDR-Kaserne Prora auf Rügen.

Der in den 1930er Jahren geplante, aber nie vollendete Bau sollte einst zur größten Urlauberbettenburg der Welt werden. Nach dem Krieg erfasste Prora die Militarisierung der DDR. Heute wird die fast ein halbes Jahrhundert währende Nutzungsphase der Anlage (freigegeben 1992) aus dem Bewusstsein verdrängt. DDR-Relikte im heute wieder sogen. KdF-Bad werden ohne Dokumentationen getilgt, darunter demnächst wohl auch dieses Wandbild.

„Sinnend im Nachdenken vertieft stehe ich da"

Vorwort

„Meine Reise nach Norwegen vom 1.-15. Juni 1913". Unter dem unspektakulären Titel eines bescheidenen Tagebuches retteten sich vierzehn unbeschwerte Tage der Vergangenheit in die Gegenwart. Mit ein wenig Glück: Ein Studienkollege meines Vaters dachte im Jahr 2010 bei einer Haushaltsauflösung an mich - ohne zu ahnen, dass ich in der Heimat des Verfassers dieser Aufzeichnungen, Bernburg an der Saale, gerade selber in der Vergangenheit wühlte. Genauer - in der Geschichte des dortigen Klinikums. Vier Jahre zuvor trug sich ähnliches zu: Bei den Recherchen zum Klinikum Quedlinburg stieß ich auf ein altes Schwesterntagebuch, das jener elterliche Freund dem Krankenhaus nebst Anschreiben überlassen hatte. Beides unersetzliche Dokumente vergangenen Daseins und ein Zeichen, wie sinnvoll es sein kann, in unserer mobilen Zeit achtsam mit vermeintlichem Ballast umzugehen. Für mich waren diese Begegnungen außerdem ein Signal, den Kontakt meiner Eltern aus den Zeiten des Kalten Krieges – der Freund meines Vaters aus dem damaligen Westberlin war ein in den 1960er Jahren organisierter Studienkontakt für die ärmeren Theologiestudenten im Osten - wieder aufzunehmen.

Es ist immer ein Gewinn, wenn Kreise sich schließen. So auch durch dieses Tagebuch: Es ist weit mehr als das Zeugnis eines dahingegangenen Urlaubsglücks. Neben der Freude am heiteren Stil, dem Nach- und Miterleben menschlicher Neigungen, spannt es - unausgesprochen - einen weiten Bogen über das 20. Jahrhundert. Fortschrittsgläubig begonnen, verketteten sich in den frühen Jahrzehnten die Entwicklungen unheilvoll zu zwei Weltkriegen bis hin zur Teilung der Welt in Ost und West. Zunächst einmal aber tritt die vermeintlich „gute alte Zeit" der Urgroßelterngeneration vor Augen. Das Entschlüsseln des Sütterlins und das Betrachten der Bilder des Tagebuches, einer zeitgenössischen Werbebroschüre entnommen, öffnet den Blick auf das Reisen vor hundert Jahren. Damals, als sich dieses Glück allmählich breiteren Bevölkerungskreisen darbot respektive als das Volk zumindest geistig an den Vergnügungsfahrten ihres Kaisers in den Sommermonaten teilhatte. Zwischen 1889 und 1914 reiste Seine Majestät regelmäßig ins „Nordland", worunter der Kaiser in erster Linie Norwegen verstand. Bis zu 2.000 Mann inklusive Orchester begleiteten ihn in die Sommerfrische. Zur Freude der dortigen Bevölkerung: Immer dann, wenn die Yacht „Hohenzollern" dampfend in den Sognefjord einfuhr, waren die Einnahmen der Bauern, Händler und Wirtsleute für das Jahr gesichert.[1]

Der phantasiebegabte Kaiser hatte ein Faible für Norwegen. Für ihn war es die „Wiege der Germanen", der Ursprung eines „kernigen Volkes". Die nordische Sagenwelt beflügelte seine Träume. Im Vorkriegssommer 1913 ließ er das Fritjov-Denkmal in Vangsnes aufstellen, eine monumentale Bronzefigur, die den sagenumwobenen Wikinger so zeigt, wie sich ihn der Kaiser vorstellte. „Die Figur", so kommentierte ein norwegischer Zeitgenosse, „ist die größte Seltsamkeit, die dieses Land je gesehen hat, abgesehen vom Kaiser selbst in all seiner Pracht."[2] Ob seiner illustren Reisen hatte Wilhelm II. daheim längst den Titel „Reisekaiser" weg. Das „I. R." seiner Titulatur (= Imperator Rex) verspöttelten die Berliner als „Immer Reisebereit".[3]
All das hatte ein bitteres Geschmäckle: Germanenverehrung und Flottenkult übertrugen sich auf das Volk, das seine Buben in Matrosenanzüge kleidete und die Kriegsflotte heroisierte.

Auch der Autor des Tagebuches, Georg Klaffehn, Kaufmann in Bernburg, teilte die von weiten Teilen der Gesellschaft gefeierte Aufrüstung der Flotte, die 1898 und 1900 in einschlägigen Gesetzen verabschiedet und rasch zum Symbol des Reiches geworden war. Ohne es zu ahnen bewegte sich Klaffehn in der „Ruhe vor dem Sturm". Eigentlich war das Säbelrasseln unüberhörbar, doch schleichend hatte man sich daran gewöhnt. So ließ der Kaiser in jenem Vorkriegssommer 1913 ein von der norwegischen Presse scharf kritisiertes Seemanöver in den Fjorden

---

[1] Vgl. Andrea TEBART: Das norwegische Geheimnis Kaiser Wilhelms II. Berliner Zeitung. 21. 06. 2003. http://www.berliner-zeitung.de/archiv/seine-majestaet-bereiste-von-1889-bis-1914-jeden-sommer-die-fjorde-und-brachte-den-tourismus-damit-in-schwung-das-norwegische-geheimnis-kaiser-wilhelms-ii-,10810590,10094890.html.

[2] Zit. nach ebd.

[3] Vgl. http://www.damals.de/de/16/Kaiser-Wilhelm-II.-als-Trendsetter.html?issue=189293&aid=189423&cp=1&action=showDetails.

stattfinden, was dessen Vertrauter, der norwegische Landschaftsmaler Hans Dahl (1849-1937), in einem Zeitungsbeitrag damit entschuldigte, die deutschen Touristen würden andererseits ja auch „große Summen ins Land bringen". Nicht selten bewegten sich diese wie kleine Eroberer im Lande, dabei verärgert über die Engländer, welche ihnen in der Erkundung des Landes ein Stück voraus waren. „Es war uns geradezu ärgerlich", schreibt der Schriftsteller Heinrich Laube (1806–1884), „(...) wo nichts zu sehen ist, da hat man Ruhe vor den Engländern; wo etwas zu sehen ist, da haben sie mit ihren langen Leibern alle Plätze besetzt."[4]
Die Tage der Gemütsruhe waren gezählt. Nicht ahnend, dass dies die Veränderung der Welt bedeuten würde, notierte Dahl 1914 in seinem hübschen Anwesen, vom Kaiser gern besucht und von Touristen wie Klaffehn bestaunt: „Am Nachmittag des 25. Juli zwischen 5 und 5.30 Uhr verabschiedete sich Kaiser Wilhelm. Um 6 Uhr fuhr er mit der Hohenzollern weg, als er hörte, dass der Krieg zwischen Österreich und Serbien ausgebrochen sei." Das war das Ende der kaiserlichen Norwegenreisen und zunächst aller, die seinen Spuren folgten.[5]
Aus der lebenslustigen Reisebeschreibung des Georg Klaffehn schillern neben der Begeisterung für die Kriegsflotte auch antisemitische Tendenzen hindurch. Gar manches um die Jahrhundertwende gesäte und gepflegte Gedankengut wucherte nach dem verlorenen Ersten Weltkrieg ins uferlose und nahm, wie etwa der Rassewahn, im „Dritten Reich" unvorstellbare Ausmaße und Formen an. Aus den Flottenübungen vor dem Ersten Weltkrieg wurden militärische Strategien zur Besetzung der norwegischen Küste; Urlauberschiffe mutierten zu Kriegsschiffen. Ein Schicksal, das auch den Vergnügungsdampfer „Meteor" traf, der 1945 in der Ostsee versank. Etliche der in den Aufzeichnungen beschriebenen Städte haben aufgrund von Zerstörungen im Zweiten Weltkrieg nachhaltig ihr Antlitz verändert.

Nur ein Vierteljahrhundert nach der Reise Georg Klaffehns kamen Deutsche nicht als Urlauber, sondern als Besatzer nach Norwegen, abgesichert unter anderem durch das Reserve-Polizeibataillon 105. Dieses war zuletzt vier Wochen in Prora auf Rügen, dem größten entstehenden

[4] Zit. nach ebd.
[5] Zit. nach Andrea TEBART, Anm. 1 und http://de.wikipedia.org/wiki/Hans_Dahl.

Massenurlaubsbetrieb der Welt, an den Waffen ausgebildet worden.[6] Bis dahin stand Norwegen auch im Reiseprogramm der NS-Gemeinschaft „Kraft durch Freude“ als Urlauberziel hoch im Kurs.[7]
Prora sollte zum Prunkstück an der Prorer Wiek auf Rügen werden. Doch die propagandistisch vermarktete Bettenburg für nicht weniger als 20.000 Volksgenossen kam über den Rohbau nicht hinaus - im Gegensatz zum ebenfalls in die Propaganda einbezogenen Kdf-Wagenwerk bei Fallersleben. Die Entwicklung des „Seebades Prora“ zu einem Ausbildungsort für den Zweiten Weltkrieg sowie der Ausbau der unfertigen Blöcke zu einer Bastion im Kalten Krieg erinnert an die Umnutzung von Urlauberschiffen zu Kriegsschiffen. Die DDR entwickelte den „KdF-Bau“ zu einer von der Außenwelt abgeriegelten Kaserne. Prora, zur Zeit Georg Klaffehns eine einsame bewaldete Landzunge mit einem hübschen Forsthaus, wurde zu einer Welle der Militarisierung der DDR-Gesellschaft.
Die Schriftenreihe Denk-MAL-Prora gebietet es, den alsbaldigen Missbrauch des technischen und sozialen Fortschritts zu benennen. Sie hat sich insbesondere zur Aufgabe gesetzt, die „doppelte Vergangenheit“ des Ortes Prora ins kollektive Gedächtnis zurückzurufen. Denn die seit den 1990er Jahren in der Bundesrepublik einsetzende „Wiederentdeckung“ der ursprünglichen Pläne ging mit der Tilgung und Verharmlosung der DDR-Geschichte einher. Im Mittelpunkt steht heute die Monumentalarchitektur des geplanten Seebades - unbeabsichtigt sogar verherrlicht. Ein fragwürdiges Geschehen.[8]

---

[6] Karl SCHNEIDER: Auswärts eingesetzt. Bremer Polizeibataillone und der Holocaust, 2011.

[7] Die 1933 gegründete Freizeitorganisation, eine Unterorganisation der Deutschen Arbeitsfront (DAF), verfolgte das Ziel, die Arbeiterschaft in die „Volksgemeinschaft“ zu integrieren und gefügig zu machen. Neben vielfältigen Aktivitäten, darunter Theateraufführungen, Konzerte, Kunstausstellungen oder Vorträge, wurde der KdF-Wagen sowie das Reiseprogramm propagiert. 43 Millionen Reisen verkaufte KdF bis 1939, überwiegend Tagesausflüge. Von den sieben Millionen Urlaubsreisen gingen 690.000 Hochseefahrten nach Norwegen, Madeira oder Italien. Vgl. http://www.dhm.de/lemo/html/nazi/innenpolitik/kdf/index.html.

[8] Vgl. die Homepage zum Jugendfestival „Prora03“: „Der Ausbau (zur Kaserne) erfolgte ohne Rücksicht auf die ursprünglichen Pläne und ohne irgendeinen ästhetischen Anspruch“. Zit. nach Zeitgeschichte regional. Mitteilungen aus Mecklenburg-Vorpommern 2/10 14. Jg., S. 68 oder vgl. die Darstellung in der wissenschaftlichen Literatur: „Der Ausbau von Prora in den fünfziger Jahren war dilletantisch

Die Wahrnehmung des Ortes Prora von zwei Generationen, die in der DDR aufgewachsen sind, das heißt die DDR-Aufrüstungs- und auch Oppositionsgeschichte, wird untergeordnet und in die „monumentalen Abläufe" impliziert - verniedlicht, wenn nicht gar ignoriert.[9]

Seit Jahren wird diese Erinnerungskultur von Politik und Medien diktiert.[10] Hatten einst die Kaiserreisen die Feuilletons gefüllt, so wird heute immer wieder gern vom „ehemaligen KdF-Bad" berichtet. Die eigentliche Nutzungsgeschichte, die des Kasernenstandortes, spielt keine Rolle. Ähnlich der Nachahmer der Norwegenreisen des Kaisers bleiben die einstigen Bewohner des mächtigen Baus auf Rügen weithin unentdeckt. Ein Versäumnis der Bildungsarbeit.

Wenn im vorliegenden Reisebericht Georg Klaffehn ganz im Stillen die Orte seiner Kindheit und Jugend in Kyritz und Kiel aufsucht und anrührend beschreibt - eine Form der Selbstvergewisserung - so erinnert das an die von der Öffentlichkeit unbemerkt nach Rügen reisenden Zeugen der DDR-Vergangenheit. Diese Anmerkungen am Rande.

Wer sich auf die folgende Einleitung einlässt (sie kann durchaus auch als Nachwort zur Kenntnis genommen werden) erfährt Näheres über die Entwicklung des Reisens zum Massentourismus, zu den bereisten Orten sowie zum Hintergrund des Berichtes. Die im Zeitkolorit vergnüglich und heiter geschilderten Zeilen dringen dem hektischen Reisenden von heute vor allem als dankbare Begeisterungs- und Empfindsamkeit früherer Tage ins Gemüt. Mit dem Hintergrundwissen heutiger Tage ist die Lektüre jedoch nicht nur unterhaltsam, sondern auch lehrreich.

---

und entsprach ganz und gar nicht den ursprünglichen Plänen (...) Das Militär hatte keinerlei ästhetische Ansprüche. Das KdF-Bad wurde nicht nur durch Abrisse und Sprengungen dezimiert und durch unsachgemäßen Ausbau verstümmelt, sondern auch durch technische Veränderungen..." Zit. nach Jürgen ROSTOCK: Paradiesruinen, 9. Aufl. 2012, S. 97 f..

9 Wenn der vor Ort tätige Bildungsverein Prora-Zentrum konstatiert, Prora erinnere „zuallererst an das Versprechen von Wohlstand und Aufgehoben-Sein, das der Nationalsozialismus den ‚Volksgenossen' und ‚-genossinnen' machte", es sei „monumentale Erinnerung an die Attraktivität der scheinbar großzügigen Sozialpolitik des NS-Staates", so werden die unterschiedlichen Wahrnehmungen des Ortes augenfällig. Vgl. http://lernen-aus-der-geschichte.de.

10 Stefan WOLTER, Asche aufs Haupt! Vom Kampf gegen das kollektive Verdrängen der DDR-Vergangenheit von Prora auf Rügen, 2012.

Treppenaufgang des Dampfers Kaiserin Auguste Victoria 1907.

Einleitung

Reisen bildet. Wer kennt nicht das geflügelte Wort der deutschen Sprache, das seinen Ursprung im späten 18. Jahrhundert hat. Bemüht, den Adel nachzuahmen, fand das wissbegierige Bildungs- und Wirtschaftsbürgertum in der ‚grand tour' der jungen Adligen das Vorbild für eigene Bildungs-, Kunst- oder Vergnügungsreisen. Im ersten Drittel des 19. Jahrhunderts fand sich schließlich die passende Bezeichnung für die noch durchaus elitäre Reisetätigkeit - Tourismus.

Das Reisen, im 19. Jahrhundert als „die schönste und unschuldigste Leidenschaft des Menschen" bezeichnet, begann im 20. Jahrhundert seine Unschuld zu verlieren. Allmählich wurde die Reisetätigkeit zum Massenphänomen; zum Ausdruck einer Krise der Industriegesellschaft: Die Industrialisierung lockte die Menschen in die Städte, in deren Enge sie die freie Natur schätzen und lieben lernten. So entwickelte sich ein wachsendes Bedürfnis nach dem touristischen Reisen. Infolge technischer und sozialer Entwicklungen stand solches glücklicherweise wachsenden Bevölkerungskreisen offen. Doch nicht mehr die Bildung des Geistes, sondern die Regenerierung des Körpers stand fortan im Mittelpunkt. Ein neuer Wirtschaftszweig erblühte - die Tourismusindustrie.[11]

„das Herz springt vor lauter Lust und Freude"

Reiselust

Die Industrialisierung beflügelte das Reisen. Wer konnte, der suchte den expandierenden Städten wenigstens für einige Tage im Jahr zu entfliehen. Obgleich schon Theodor Fontane (1819-1898) das „Massenreisen" zu den „Eigenthümlichkeiten" seiner Zeit zählte, ging der erste Boom des Reisens an den ‚Massen' im eigentlichen Sinne doch noch vorbei. Die Teilhabe am aufblühenden Tourismus war Statussymbol des wohlhabenden Bürgers - Luxus. Wenngleich um 1900 überall da, wo es schön

[11] Vgl. Hans Magnus ENZENSBERGER, Eine Theorie des Tourismus, in: Ders. Einzelheiten, Frankfurt am Main, 1962, S. 147 – 168, hier S. 156 ff.; Joachim KNEBEL, Soziologische Strukturwandlungen im modernen Tourismus, Stuttgart 1960, S. 12 f.; Konrad KÖSTLIN, Reisefieber – Massentourismus, in: Reise-Fieber, Begleitheft zur Ausstellung des Lehrstuhl für Volkskunde der Universität Regensburg, Regensburg 1984, S. 9-16, hier S. 11.

war, regionale Verkehrsvereine zur Ankurbelung des Tourismus erblühten und verschlafene „Sommerfrischen“ sich zu Fremdenverkehrszentren entwickelten, war der entstehende Tourismus teuer und daher noch immer exklusiv.

Dennoch: Reiseziele wurden stetig neu entdeckt. Alpenvereine zeugten von der Reiselust der Adligen und jener vermögenden Bürger, die seit dem frühen 19. Jahrhundert in immer größerer Zahl die romantisierte Bergwelt erklommen. Ein halbes Jahrhundert später rauschte auch das Meer in die Beliebtheitsskala. Mit seiner Forderung „Zurück zur Natur“ wurde der Genfer Philosoph Jean-Jacques Rousseau (1712-1778) einer der Wegbereiter des Reisens an die „wilden Orte“. Die Badekultur mitsamt ihren traditionsreichen binnenländischen Heilbädern war zu seiner Zeit wenig angesehen. Pestepidemien des ausgehenden Mittelalters und die Sittenmandate der Reformationszeit hatten die öffentlichen Badestuben verdrängt. Das steife Zeremoniell des Absolutismus tat ein Übriges, den Wandel von der Bade- zur Trinkkultur zu fördern. Auch die Vorstellung, durch Bäder könne der Wasserhaushalt des Körpers gestört werden, trug zum vorsichtigen Umgang mit Wasser bei. Erste Versuche von Seebadgründungen waren deshalb zum Scheitern verurteilt, etwa der vom Philosophen Georg Christoph Lichtenberg eingebrachte Vorschlag eines Seebades in Cuxhaven.

Was Rousseau nicht mehr erlebte: Warnten einheimische Fischer die ins Meereswasser steigenden Gäste: „In dat kolle Wader is noch keen Minsch ahn Tüg rin gahn. Se haln sich den Dod!“[12], so gehörte das Strandleben schon um 1900 zum vertrauten Bild an der Küste. Vorbei war die Zeit, da man vor den „grausigen Fluthen“ erschauerte, wie Joseph von Eichendorff (1788-1857) im Jahre 1805. Von England ausgehend, wo sich in den 1780er Jahren das Fischerdorf Brighthelmstone an der Kanalküste zum Luxusbad Brighton entwickelt hatte, setzten sich auch hierzulande die Erkenntnisse der Thalassotherapie, der Meeresheilkunde, durch. Ein Besuch des Mediziners Samuel Gottlieb Vogel (1750-1837) in diesem Luxusbad beflügelte die Wende. 1794 organisierte der Arzt einen kleinen Badebetrieb im mecklenburgischen Doberan. An der Nordsee,

---

[12] Zit. nach Heinz WILLE, Usedom, Von Meer und Haff und stillen Winkeln, Leipzig 1983, S. 80.

auf Norderney, führte 1797 der Landphysikus Dr. Friedrich Wilhelm von Halem (1762-1835) die ersten Badekarren ein. Die Urlauber fanden Gefallen daran. Auch am „Strandkorb", den der Korbmachermeister Wilhelm Bartelmann 1882 in seiner Rostocker Werkstatt erfand.

Weitere Seebadgründungen an Ost- und Nordsee folgten. Auf Usedom rückten dem ersten Badebetrieb in Swinemünde (1821), die Bäder Heringsdorf (1824), Ahlbeck (1852) und Bansin (1897) zur Seite. Auf Rügen entfaltete sich ein „Luxusbad" in Putbus (1816), dem Sassnitz-Crampas nur zehn Jahre später den Rang ablief. Theodor Fontane setzte diesem Badeort in seinem Werk Effi Briest ein Denkmal. Und auch der Berliner Theologe Friedrich Schleiermacher verbrachte die Sommerferien 1824 mit seiner Familie in Sassnitz-Crampas. Gegen die Seebäder Göhren, Sellin und Binz, allesamt im letzten Drittel des 19. Jahrhunderts entstanden, konnte sich der vom Strand her benachteiligte Ort allerdings nicht durchsetzen.

Auf den ostfriesischen Inseln folgte mit Wangerooge das zweite Seebad nach Norderney. Borkum und Langeoog empfingen ab 1830 erste Urlauber. In den 1840er Jahren begannen Spiekeroog und Juist offiziell mit dem Badebetrieb. 1876 folgte die Seebadgründung auf Baltrum. Beispielhaft für die Entwicklung des Seebäderbetriebes an der Nordsee sei auch Helgoland (1826) erwähnt.

Der Bäderbetrieb wurde zum Geschäft, Aktienunternehmen witterten Gewinne. Das Werben der konkurrierenden neuen Bädereinrichtungen und Feriendomizile nahm mitunter aggressive Formen an, wie Kurt Tucholsky (1890-1935) in „Saisonbeginn an der Ostsee" mit Humor anmerkte: »Die frisch gesalzenen Wogen rollen an den Strand. In einer Reihe, die ganze Küste entlang, stehen die Wirte, großen Raubvögeln gleich, vor ihren Horsten und lauern auf Beute. Sie klappern mit den Schnäbeln, die leeren Kröpfe baumeln im Winde, ab und zu fällt einem von ihnen hinten ein kleiner Prospekt heraus. Sie scharren ungeduldig mit den riesenhaften Fängen im Sande. Und warten".[13]

[13] Zit. nach Kurt TUCHOLSKY, Saisonbeginn an der Ostsee, in: Gesammelte Werke in 10 Bänden, hrsg, von Mary Gerold-Tucholsky und Fritz J. Raddatz, Bd. 3, 1921-1924, Frankfurt Main 1960, S. 176-179, hier S. 178.

Zu sehen sein wird: Nur wenige konnten sich um 1900 eine örtlich und zeitlich ausgedehnte Urlaubsreise leisten. Doch während der Mittelstand die ländliche „Sommerfrische" vor der Haustür für sich entdeckte, reisten der Adel und das vermögendere Bürgertum sogar in fernere Länder. Aber bereits eine Reise nach Norwegen vereinte die Sehnsüchte nach Berge und Meer. Und die ersten deutschen Urlauber um 1820 ließen sich eine Fahrt ins Nordland weder durch schlechte Wege noch durch die wenigen Hotels verdrießen.[14]

„Reisen ist meine Passion"

Reisemöglichkeit

Die Entfernung diktierten der Fahrpreis und die zur Verfügung stehende Zeit. Eine Kreuzfahrt ins Nordland auf dem Doppelschraubendampfer „Meteor" kostete im Juni 1911 im Staatszimmer (Salondeck) 2.400 Mark für zwei Personen, auf dem preislich günstigeren Hauptdeck ab 250 Mark pro Person in der untersten Kategorie – wofür etwa ein Fabrikarbeiter bei Siemens zwei komplette Monatslöhne hätte weglegen müssen. Erhielt ein solcher im Jahr 1913 bis zu 2.050 Mark, so konnte es ein Handwerker sogar auf etwa 3.200 Mark im Jahr bringen, wobei sich vor dem Ersten Weltkrieg steigende Lebenshaltungskosten abzeichneten. Berufstätige Frauen erhielten nur etwa die Hälfte des Arbeiterlohnes, und auch ein Kohlentransportarbeiter empfing für rund sieben Stunden Arbeit nicht mehr als drei Mark pro Tag. In diesen Kreisen hätte man folglich das gesamte Einkommen eines Vierteljahres für eine 14-tägige

---

[14] Zu diesem Abschnitt vgl. Hasso SPODE, Ein Seebad für zwanzigtausend Volksgenossen. Zur Grammatik und Geschichte des fordistischen Urlaubs, in: Peter J. BRENNER (Hrsg.), Reisekultur in Deutschland: Von der Weimarer Republik zum »Dritten Reich«, Tübingen 1997, S. 7-47, hier S. 17; Jutta KÜRTZ, Badeleben an Nord- und Ostsee, 1994, S. 18. Hans-Georg BLUHM, Meerwasser als Medizin, in: Saison am Strand, 1986, S. 21-25; Herbert JOST, Selbst-Verwirklichung und Seelensuche. Zur Bedeutung des Reiseberichts im Zeitalter des Massentourismus, in Peter J. BRENNER (Hrsg.): Der Reisebericht. Die Entwicklung einer Gattung in der deutschen Literatur, Frankfurt am Main 1989, S. 490-507, hier S. 490 ff.; Astrid PAULSEN, » ... ein gesegneter und reizvoller Fleck Erde ... «. Tourismus in der Holsteinischen Schweiz 1867-1914. (Studien zur Volkskunde und Kulturgeschichte Schleswig-Holsteins, 31) Neumünster 1994, S. 18 ff. Thomas BUCHSTEINER, Arbeiter und Tourismus, Diss. Tübingen 1984.; Stefan WOLTER, Welch überwältigender Anblick bietet sich unseren staunenden Augen dar, 2008, S. 33 f.

Reise opfern müssen. Und da waren noch nicht einmal die Tagesausflüge dabei, für die insgesamt rund 50 Mark zu berappen waren. Undenkbar ohne hinreichende Ersparnisse!

Die Mehrheit der Reisenden gehörte zum wohlhabenden Bürgertum: Beamte, erfolgreiche Kaufleute, Unternehmer.

Zudem bedurfte es zum Reisen der freien Zeit. Erst am Ende des 19. Jahrhunderts hatte sich die Einsicht durchgesetzt, dass Arbeiter ein Recht auf Ruhepausen haben. Das betraf zunächst nur die Sonn- und Feiertagsruhe. Noch um 1900 stand nicht einmal ein Prozent der gesamten deutschen Arbeiterschaft ein kurzer Erholungsurlaub zu. Es verwundert nicht, dass zunächst nur die Staatsbeamten sich eines regelmäßigen Urlaubs erfreuen durften. Unter den Angestellten partizipierte noch um 1900 nur die Hälfte an dieser Voraussetzung für eine ausgedehntere Reisetätigkeit.

Arbeiter und Angestellte organisierten folglich Wanderungen und Ausflüge in die nähere Umgebung - 1895 entstand der proletarische Touristenverein „Die Naturfreunde". Doch auch für den selbstständigen Kaufmann Georg Klaffehn war die „Ferienreise" noch exklusiv: „Gewöhnlich mache ich längere Reisen nur geschäftlich und hauptsächlich dann, wenn es auf irgendeiner Ecke ‚brenzlich' wird."[15]

„Das Schiffsbillet war schnell bestellt"
Reiseorganisation

Zeitnot auf Reisen war schon für die Anfänge des Massentourismus signifikant. Die knappe Reisezeit verlangte eine ausgeklügelte Organisation. So entstanden Mitte des 19. Jahrhunderts Reisebüros und Agenturen, zahlreiche Reiseführer drängten zudem auf den Markt.

---

[15] Vgl. zu diesem Abschnitt: Astrid PAULSEN, » ... ein gesegneter und reizvoller Fleck Erde ... «. Tourismus in der Holsteinischen Schweiz 1867-1914. (Studien zur Volkskunde und Kulturgeschichte Schleswig-Holsteins, 31) Neumünster 1994, S. 18 ff. Thomas BUCHSTEINER, Arbeiter und Tourismus, Diss. Tübingen 1984, Udo BENSEL, Soziale Bewegungen im Spannungsfeld zwischen Industriearbeit und Naturbedürfnis, dargestellt am Beispiel des Touristenvereins „Die Naturfreunde". Diss. Berlin 1985; Jürgen REULECKE, Vom blauen Montag zum Arbeiterurlaub, in: Archiv für Zeitgschichte 16 (1976), S. 205-248. http://w3.siemens.de/siemens-stadt/beschae0.htm;Wolfgang VACANO: Spurensuche.- Altonaer auf Nordlandfahrt, Internetprojekt 2010.

Die Geschichte des *Reisebüros* begann mit dem Engländer Thomas Cook. Das erste nach dessen Vorbild eingerichtete deutsche Reisebüro entstand 1854 in Berlin. Ein Jahrzehnt später gründeten Luis und Carl Stangen ein Reisebüro in Breslau (1863), das es sich laut Brockhaus (1903) „zur Aufgabe macht(e), Schwierigkeiten, die sich den Reisenden namentlich im internationalen Verkehr entgegenstellen, zu beseitigen und dadurch das Reisen in fernere Ländern zu erleichtern".

Zu den bedeutendsten *Reisebuchverlagen* gehörten am Beginn des 20. Jahrhunderts Karl Baedeker (Koblenz, Leipzig), das Bibliographische Institut Joseph Meyer (Leipzig), Theobald Grieben (Berlin) und Leo Woerl (Würzburg, Leipzig, Wien). Die schon Mitte des 19. Jahrhunderts in Deutschland verbreiteten Baedeker-Reiseführer hatten mit den englischen „Hand Books for Travellers" das ‚Sternchensystem' gemein: Je nach vermeintlicher Bedeutung der Sehenswürdigkeiten wurden diese mit einer unterschiedlichen Anzahl von Sternen versehen. Nicht ohne Kritik. So war aus dem Bildungsbürgertum zu vernehmen, man sei „rettungslos der Gewalt des rothen Buches verfallen (...), hat man sich erst einmal mit diesem Buche eingelassen, so sind alle Emanzipationsversuche vergeblich (...)".[16]

Die rot eingebundenen *Baedekerschen Handbücher* berücksichtigten bis 1900 alle europäischen und bis 1914 auch die wichtigsten außereuropäischen Reiseländer. Das „Handbuch für Reisende", welches „Schweden und Norwegen nebst den Reiserouten durch Dänemark..." vorstellte, hatte seit dem ausgehenden 19. Jahrhundert nicht weniger als zwölf Auflagen erreicht. Ein Zeichen für die Beliebtheit der Nordlandreise im Jahr 1913.[17]

---

[16] Johann Eduard ERDMANN, Lustreisen uns Reislust, Berlin 1873, S. 19.

[17] Vgl. zu diesem Abschnitt: Wilhelm TREUE, Zum Thema Auslandsreisen im 18. und 19. Jahrhundert (Archiv für Kulturgeschichte, 35), 1953, S. 328-333, hier S. 332 f.; Karl FUSS, Die Geschichte des Reisebüros, Darmstadt 1960; Dieter VORSTEHER, Bildungsreisen unter Dampf, in: Hermann BAUSINGER/Klaus BEYERER/ Gottfried KORFF (Hrsg.): Reisekultur. Von der Pilgerfahrt zum modernen Tourismus, München 1991, S. 304-311; Herbert JOST, Selbst-Verwirklichung und Seelensuche. Zur Bedeutung des Reiseberichts im Zeitalter des Massentourismus, in: Der Reisebericht. Die Entwicklung einer Gattung in der deutschen Literatur. Hrsg. von Peter

Verkehrswege

Die moderne Industriegesellschaft schuf nicht nur ein wachsendes Bedürfnis nach Reisen, sie ermöglichte es auch durch einschneidende Veränderungen im *Verkehrswesen*. Ein planbares Reisen ermöglichte zwar schon das 18. Jahrhundert, als zwischen den größeren Städten regelmäßig Kutschen pendelten, die später durch bequemer ausgestattete Schnell- und Eilwagen ersetzt wurden. Ihren Aufschwung nahm die Reisetätigkeit aber erst durch die Entwicklung von Eisenbahn und Dampfschiff. Wegbereiter war die von James Watt im 18. Jahrhundert vorangetriebene Entwicklung der Dampfmaschine. Im Mai 1835 dampfte zwischen den belgischen Orten Mecheln und Brüssel die erste Eisenbahn des europäischen Kontinents.

Im Dezember desselben Jahres konnte die erste deutsche Eisenbahnlinie von Nürnberg nach Fürth eröffnet werden. Die Eisenbahnen, Förderer der industriellen Entwicklung in Deutschland, ermöglichten die „Flucht vor der selbstgeschaffenen Realität" der ungesunden Arbeits- und Wohnverhältnisse.[18]

Georg Klaffehn nutzte auf seiner Reise eine bereits mehr als ein halbes Jahrhundert bestehende Bahnverbindung: Die Anhalter Bahn von Berlin nach Köthen, Bernburgs Nachbarstadt, gehörte zu den ersten Ferneisenbahnen in Deutschland. Wenige Jahre nach dem Bau der ersten preußischen Eisenbahnstrecke Berlin-Potsdam (1838) und der besagten Berlin-Anhaltischen Eisenbahn (1841) konnte die Strecke Berlin-Hamburg in Betrieb genommen werden (1846).

Somit traf schon im letzten Viertel des 19. Jahrhunderts das „scheinbare Verschwinden des Raumes", von dem Heinrich Heine anlässlich der Eröffnung der Eisenbahnen von Paris nach Orleans und Rouen geschwärmt hatte, auch in Deutschland auf immer zahlreichere Gegenden zu. Seither gelangten die Eisenbahnen auch zu denjenigen Häfen, von denen die Inseln mit ihren expandierenden Seebädern erreicht

---

J. BRENNER, Frankfurt am Main 1989, S. 490-507, hier S. 492. Vgl. auch Alex W. HINRICHSEN, Zur Entstehung des modernen Reiseführers, in: Hasso SPODE (Hrsg.), Zur Sonne, zur Freiheit! Beiträge zur Tourismusgeschichte, Berlin 1991, S. 21-32.

[18] Hans Magnus ENZENSBERGER, Eine Theorie des Tourismus, in: Ders. ›Einzelheiten‹, Frankfurt am Main, 1962, S. 147-168, hier S. 156.

werden konnten. 1876 wurde beispielsweise die Insel Usedom an die Eisenbahnlinie angeschlossen, 1883 folgte Rügen, wobei zwischen Stralsund und Altefähr bis 1937 eine Eisenbahnfähre verkehrte. Erst 1891 wurden die Gleise nach Sassnitz weitergeführt. 1882 wurde die Strecke Lübeck –Travemünde eröffnet und im Sommer 1898 nach Lübeck-Travemünde/Strand verlängert. Seither bevölkerten auch Tagestouristen die Düne. „Es kamen eine Menge Leute aus der Stadt, die gar nicht hergehörten, Eintagsfliegen aus dem guten Mittelstande", lässt Thomas Mann in seinem Roman „Die Buddenbrooks" Ida Jungmann sagen.[19]
Als sich die Eisenbahnen über die Kontinente ausbreiteten, griff die Umwälzung des Weltverkehrs auch auf die *Seefahrt* über: Schon im 18. Jahrhundert experimentierten britische Ingenieure mit der Dampfmaschine als Schiffsantrieb. Seit dem frühen 19. Jahrhundert lösten die Dampfschiffe die Segelschiffe allmählich ab. 1815 ging mit der „Lady of the Lake" das erste Dampfschiff auf Fahrt.
Führend im deutschen Eisenschiffbau wurde die 1851 gegründete Werft Früchtenicht & Brock in Stettin, aus der die Stettiner Vulcan AG hervorging. In Hamburg gründete sich 1877 die noch heute bedeutsame Schiffswerft Blohm & Voss, auf der im Auftrag der Hapag der Vergnügungsdampfer „Meteor" erbaut wurde. Um 1900 hatten sich in Hamburg acht große Werften auf den Eisenschiffbau spezialisiert, daneben eine Vielzahl kleinerer Werften auf unterschiedliche Aufgaben.

Die Reederei Hapag („Hamburg-Amerikanische Packetfahrt-Actien-Gesellschaft"), am 27. Mai 1847 durch angesehene Hamburger Kaufleute in Hamburg gegründet, setzte erst knapp zehn Jahre später Dampfschiffe ein. Äußerlich sahen diese noch wie Segelschiffe aus, hatten jedoch schon einen zentralen schwarzen Schornstein. Hauptgeschäft war der Transport von Passagieren, vor allem von Auswanderern. 1857 wurde für die Reederei zum Schicksalsjahr: Das Vorzeigeschiff auf der Linie Hamburg - New York, der Segler „Deutschland", sank im Atlantik. Zudem erwuchs mit dem Bremer „Norddeutscher Lloyd" - 1970 sollte die Hapag mit diesem nach 123 Jahren zur Hapag-Lloyd AG fusionieren - eine starke Konkurrenz. Andere Wettbewerber folgten,

---

[19] Thomas MANN, Buddenbrooks. Verfall einer Familie (Gesammelte Werke in 13 Bänden, Bd. 1), Stuttgart 1974.

vor allem im Transatlantischen Verkehr. Bei all diesen Rückschlägen war dem jungen Generaldirektor Albert Ballin (1857-1918) doch eine glückliche Hand beschert. Unverdrossen baute er die Flotte - ab 1893 als „Hamburg-Amerika-Linie“ bezeichnet - im großen Maßstab aus. Bald stachen die ersten Kreuzfahrtschiffe in See. Ab 1891 erfreuten sich die Passagiere an Mittelmeerkreuzfahrten - eine Weltneuheit und Sensation. Binnen fünfzehn Jahren erreichten die Schiffe alle Kontinente, gemäß dem Wahlspruch des Unternehmens: *„Mein Feld ist die Welt!“*.

In diese Zeit fällt auch der Stapellauf der „Meteor“ am 15. März 1904. Seine Jungfernfahrt von Hamburg nach Norwegen unternahm der Luxusdampfer am 3. Juni 1904. Dass sich das 91,20 x 13.40 Meter große Schiff bis zur geschilderten Vergnügungsfahrt im Jahr 1913 einen Namen machte, lag auch im Aufstieg der Hapag an sich begründet. 1910 übernahm sie die gesamte Werbung und Passagierabfertigung für die Zeppeline der Deutschen Luftschifffahrts AG (Delag). Im Jahr der Norwegenreise 1913 stellte die Reederei mit dem „Imperator“ (52.117 BRT) das damals größte Schiff der Welt in Dienst. Voll ausgelastet bot es über 4.000 Passagieren Platz, wobei die Mehrzahl allerdings im Zwischendeck unterkam.

„Tag und Nacht wird hier rastlos gearbeitet, um die letzten Vorbereitungen für die rechte Ausreise zu treffen, die auf den 11. Juni nach New York festgesetzt ist", beschreibt Klaffehn die mit tausend Arbeitern besetzte Großbaustelle vor Cuxhaven.

Während all der Jahre unterhielt Albert Ballin die besten Beziehungen zu den führenden Kreisen des damaligen Deutschland, besonders zu Kaiser Wilhelm II. Wann immer dieser in Hamburg zu Besuch war, war er auch ein Gast Ballins.

Am Vorabend des Ersten Weltkrieges bestand die Hapag-Flotte aus 175 Schiffen mit 1.038.645 BRT im aktiven Einsatz. Die Reederei unterhielt 73 Liniendienste in die ganze Welt; 400 Häfen wurden angelaufen.

Der Erste Weltkrieg bedeutete einen schmerzhaften Einschnitt, der sich auch im Schicksal der „Meteor" widerspiegelt: Bis zum Jahr 1914 auf Nordlandfahrten und zur luxuriösen Überfahrt nach New York eingesetzt, wurde der Dampfer nach Beginn des 1. Weltkrieges zum Wohn- und Zielschiff der U-Boot-Schule Eckernförde. Ab Mai 1919 bereederten die Engländer den Doppelschraubendampfer, ehe ihn im Jahr 1922 die norwegische „Bergener Dampfschifffahrtsgesellschaft" übernahm. Am 7. Mai 1940 beschlagnahmte ihn wiederum die deutsche Kriegsmarine im norwegischen Bergen. Der Luxusdampfer wurde zum Lazarettschiff. Was keiner der Vergnügungsreisenden 1913 ahnte: Am 9. März 1945 sank ihr Luxusschiff nach einem Luftangriff im ostpreussischen Hafen Pillau (heute Baltijsk/Russland).[20]

---

[20] Zu diesem Abschnitt: Horst REGLING/Dieter GRUSENICK/Erich MORLOK, Die Berlin-Stettiner Eisenbahn, Stuttgart 1996, S. 7. Vgl. Christian L. KÜSTER, Mit der Bahn an die See, in: Saison am Strand. Badeleben an Nord- und Ostsee, Herford 1986, S. 32-33. Vgl. JENDRICKE/GOCKEL, Rügen, Hiddensee, 1999; KRENTZIEN, Sassnitz-Trelleborg hin & zurück, 1997, S. 17.; http://de.wikipedia.org/wiki/Hamburg-Amerikanische_Packetfahrt-Actien-Gesellschaft;http://www.schiffe-maxim.de/Meteor.htm.
Zur *Entwicklung des Verkehrswesens* allgemein vgl. Heinrich KROHN, Welche Lust gewährt das Reisen! Mit Kutsche, Schiff und Eisenbahn, München 1987, S. 38 ff. und Klaus BEYERER (Hrsg.), Zeit der Postkutschen. Drei Jahrhunderte Reisen 1600-1900, Karlsruhe 1992; vgl. Ekhart BERCKENHAGEN, Schiffe-Häfen-Kontinente. Eine Kulturgeschichte der Seefahrt, Berlin 1983, S. 304 f.; vgl. Arnold KLUDAS, Die Geschichte der deutschen Passagierschifffahrt, Bd. I. Die Pionierjahre von 1850 bis 1890, Hamburg 1986, S. 10; Ralf Roman ROSSBERG, Geschichte der

Reiseziel

Was faszinierte Georg Klaffehn an einer Fahrt in den Norden? Reizten ihn allein das Meer und das Abenteuer einer Schiffsreise? Oder lockten ihn auch die zahlreichen, publizistisch vielbeachteten Skandinavien-Reisen Kaiser Wilhelms II.?[21] Dieser bereiste zwischen 1889 und 1914 nicht weniger als 26 mal das sogenannte Nordland. Führende Tageszeitungen passten in den Juli-Monaten ihre Feuilletonteile inhaltlich den kaiserlichen Nordland-Fahrten an, etwa die „Neue Preußische Zeitung“, die eine eigene Artikelserie „Aus dem Lande der Mitternachts-Sonne“ einrichtete. 1892 erschien auf Veranlassung des Kaisers das Werk „Kaiser Wilhelms II. Reisen nach Norwegen in den Jahren 1889 bis 1892“. Innerhalb eines Jahres wurde eine zweite Auflage notwendig.

Das kurbelte den Norwegen-Tourismus unter den Untertanen an, wenigstens unter jenen, die sich die Nordeuropa-Reisen leisten konnten. Wie die kaiserlichen Fahrtziele die Reiselust beflügelte, zeigt sich an der Zahl der gedruckten Baedeker-Reiseführer „Norwegen“. Die Deutschen traten in ihrer Reiselust an die Seite der Engländer, die Norwegen in den Zeiten der napoleonischen Kriege und später wegen der Choleragefahr im mediterranen Raum für sich entdeckt hatten. 1890 entstand die erste Filiale von Cooks-Reisebüro im norwegischen Bergen.

Wie groß die Erwartungen der Zeitgenossen waren, den Kaiser auf einer Nordlandfahrt zu begegnen, veranschaulicht folgendes Szenario: Im Sommer 1890 musste eine geplante Norwegen-Kreuzfahrt des Norddeutschen Lloyd mangels Gästen abgesagt werden, obgleich eine

---

Eisenbahn, Künzelsau 1977, S. 355: In Europa umfasste das Eisenbahnnetz zur Jahrhundertwende rund 280.000 Kilometer.

[21] Zu diesem Abschnitt: Birgit Marschall, Reisen und Regieren. Die Nordlandfahrten Kaiser Wilhelm II, Heidelberg 1991, S. 181 ff. Vgl. auch T. K. Derry, A History of Modern Norway 1814-1972, Oxford 1973, S. 128; Einar S. Ellefsen, Naeringslivet – fra sagadröm til industrieventyr, in: Möre og Romsdal. Under redaksjon av Pio Larsen. Oslo 1977, S. 227-276, hier S. 241; Wibeke Knagenhjelm, Kunst og kunstnere, in: Sogn og Fjordane. (Bygd og By i Norge.) Hrsg. v. Nikolai Schei. Oslo 1980, S. 361-389, hier S. 353. Zu den Hintergründen der kaiserlichen Nordlandfahrt: Fritz Fischer, Griff nach der Weltmacht. Die Kriegszielpolitik des kaiserlichen Deutschland 1914/18, Düsseldorf 1961, S. 26 ff. Zu den aufgeführten Stationen der Nordlandfahrt vgl. die entsprechenden Einträge bei Wikipedia.

Nordkaptour wenige Wochen vorher ausgebucht war. Der Unterschied: Zu dem früheren Termin kreuzte Wilhelm II. in den Fjorden.

Auch Georg Klaffehn hatte 1913 keine Schwierigkeit, ein Schiffsticket zu erstehen. Der Kaiser machte sich erst im Juli wieder auf die Reise. Inzwischen hatten sich die Kreuzfahrten in den Norden aber auch außerhalb der kaiserlichen Reisesaison etabliert.

Wer sich eine Nordlandreise *nicht* leisten konnte, nahm beispielsweise mit Bornholm Vorlieb – nordöstlich von Rügen gelegen. Bornholm bot ein Hauch Skandinavien all jenen, die sich ein weiteres Vordringen gen Norden nicht leisten konnten. Auf das zunehmende Interesse an der Ostseeinsel reagierte die ‚Braeunlichsche Dampfschifffahrtsgesellschaft Stettin' mit der Einrichtung einer Linienverbindung zwischen Bornholm und Sassnitz. „Für Bornholm lassen sich 5-7 Tage (...) leicht verwenden", steht in Leo Woerls ‚Illustrierten Führer durch Kopenhagen und Umgebung' aus dem Jahre 1908 geschrieben, und als sei es selbstverständlich, zieht er den Vergleich zur touristischen Hauptattraktion Norwegen: „Bornholm läßt sich trotz seiner Felsen und der wunderschönen Fußsteige längs des Meeres nicht mit Norwegen vergleichen. Es ist aber als Reiseziel allen zu empfehlen, die billig reisen wollen, nicht mit Hotelbequemlichkeiten zu verwöhnt sind, spazieren gehen und klettern können und für die Eigenarten eines Landes empfänglich sind, die Verpflegung ist dabei überall vorzüglich".[22]

Auch Georg Klaffehn war nach seiner Unschlüssigkeit, ob Berge ob See vom Nachahmungsfieber seiner Zeitgenossen ergriffen: „...na also, es sollte das von unserem Kaiser so viel bevorzugte und gelobte Norwegen sein."

Die Schiffsroute entsprach etwa der auch heute gern befahrenen Wasserstrecke. Zunächst führte sie in den Hardangerfjord (norwegisch: Hardangerfjorden) hinein, einem etwa 170 Kilometer langen Meeresarm an der südwestlichen Atlantikküste Norwegens. Dort, wo der Arm mit 725 Metern am tiefsten ist, führt er in den Sørfjord hinein. Die Meteor folgte diesem Verlauf, um - nach malerischen Motiven inmitten der 1200-1300 Meter hohen Bergwelt – am Ende des Fjordes zu ankern: vor der herausragend schön gelegenen Kommune Odda. Von dort aus

[22] Zit. nach Hans KLÜCHE, Bornholm, München 1992, S. 82.

unternahm die Reisegesellschaft eine rund zwanzig Kilometer lange Wagenfahrt zum Låtefossen, einem touristisch bedeutsamen Zwillingswasserfall mit einer Fallhöhe von 165 Metern, heute direkt an der Fernverkehrsstraße 13 gegenüber den Hängen des Gletschers Folgefonna gelegen. *Odda* (Klaffehn schreibt Odde) war um 1900 das beliebteste Ziel wohlhabender Sommergäste. Selbst Kaiser Wilhelm II. ließ den Ort auf kaum einer seiner Reisen aus. Nachhaltige Veränderungen bescherte der Bau des nahe gelegenen Tyssedal-Wasserkraftwerkes im Jahr 1906, wodurch die im Entstehen begriffene Industrie mit elektrischer Energie versorgt werden konnte: Innerhalb weniger Jahre stieg die Einwohnerzahl von Tyssedal von 30 auf 1.000 und in Odda von 600 auf 4.000 an. Endgültig vorbei mit der ländlichen exklusiven Ferienidylle war es, als sich die Gegend nach dem 1. Weltkrieg zu einem Standort der Schwerindustrie entwickelte. 1970 geriet der Sørfjord vorübergehend als schwermetallhaltigster Fjord der Welt in die Negativschlagzeilen. Abseits der Industrieregion um Odda ist Norwegens Naturschönheit erhalten geblieben.

Der Folgetag führte die Schiffsgesellschaft ins schöne Städtchen Bergen, und wer mochte, der konnte sich von hier aus auf einen bezaubernden Tagesausflug begeben. Zunächst per Bahn nach Vossewangen und von dort mit dem Pferdewagen nach Gudvangen über das wunderschön gelegene Örtchen Stalheim hinweg. Allein dieser Überlandtagesausflug kostete 20 Mark extra.

Vossevangen (Klaffehn schreibt Voßwangen), etwa 100 Kilometer östlich von Bergen gelegen und als besonders arm und rückständig beschrieben, ist heute eine 5.500-Seelen-Gemeinde. Das aus Holz erbaute Stadtzentrum wurde im Zweiten Weltkrieg vollends zerstört. Hatte Georg Klaffehn erlebt, wie die Kinder dieser Gegend den Ankömmlingen Blumen in die Hände drückten, so dürften sich etliche dieser Einheimischen später unter den Kämpfenden befunden haben, die nach dem deutschen Überfall auf Norwegen in dieser Umgebung erbitterten Widerstand leisteten. Beim Bombardement der Stadt am 24. und 25. April 1940, die bis Mai 1945 besetzt blieb, verlor über ein Dutzend Zivilisten das Leben.

Auf dem Weg nach Stalheim passierte die Reisegesellschaft die Siedlung *Vinje*, inzwischen flächenmäßig weit ausgedehnt und rund 3.700 Einwohner (1,2 EW auf 1 qkm) zählend, durch den Ausbau des Flusses Tokke in den 1960/70er Jahren ebenfalls zu Wohlstand gekommen.

Das nahe gelegene *Stalheim* gehört zu den frühen Zielen der Norwegentouristen. Berühmt ist der Ort für die 1842-46 erbaute, von der östlichen Seite steil hinaufführende Straße mit ihren 13 Haarnadelkurven, die Stalheimskleiva. Dominiert wird Stalheim bis heute durch das Hotel, das 1885 an die Stelle der Poststation gesetzt wurde, mehrfach abbrannte und wieder aufgebaut wurde. 1960 setzte man an jene Stelle einen Betonbau. Zu den gern gesehenen Gästen gehörte auch hier Kaiser Wilhelm II., der 25 Sommer hintereinander in Stalheim verbrachte, sowie der schwedisch-norwegische König Oskar II.. Seitdem der Ort Gudvangen auch mit dem Dampfschiff erreicht werden konnte (1865), brachten Pferdefuhrwerke die Touristen zu diesem landschaftlich sehr reizvollen Ort hinauf bzw. von dort zum Hafen zurück.

Gudvangen selbst war seit den ersten Ansiedlungen vor rund zehntausend Jahren - nach dem Abschmelzen der Gletscher – über Jahrhunderte hinweg durch die Landwirtschaft geprägt. Infolge der Anbindung an die Dampfschifffahrt entwickelte sich der Ort zum Touristenmagnet. Neben den steilen, beinahe senkrechten Felswänden, die Gudvangen umgeben, war die Fahrt von und nach Stalheim mit dem Pferdewagen *die* Attraktion am südlichen Ende des spektakulären Nærøyfjords – zusammen mit dem Geirangerfjord 2005 von der UNESCO in die Liste des Weltnaturerbes aufgenommen. Überreste alter, inzwischen meist verlassener Bauernhöfe und Almhütten geben der dramatischen Naturlandschaft auch eine kulturelle Dimension. Von Gudvangen führte die Reise nach *Balestrand* (im Bericht: Balholmen) weiter, wo zu jenem Zeitpunkt erste Vorbereitungen getroffen wurden für die Aufrichtung einer Fritjof-Statue, übergeben am 31. Juli 1913 durch Kaiser Wilhelm II. an den norwegischen König Haakon VII. In jenem Jahr ließ der Kaiser in den Fjorden die von der norwegischen Presse scharf kritisierten Übungen deutscher Kriegsschiffe stattfinden. Einen Fürsprecher fand der Kaiser im Maler Hans Dahl (1849-1937). Jener hatte sich 1893 eine exaltierte

Villa im Drachenstil am Ufer des Sognefjords erbauen lassen - nicht weit entfernt vom Landschaftsmaler Adelsteen Normann (1848-1918), der seit 1890 seine Sommer dort verbrachte. Regelmäßig war der Kaiser bei Dahl zu Besuch, genoss die Sommerpartys im Garten und nahm später sogar noch ins Exil (1918) ein Gemälde des Künstlers mit.

Von Balestrand mit seinem das Ufer dominierenden Hotel von 1877 ging es über Nacht weiter nach *Ålesund* – einer Stadt auf mehreren Inseln direkt am Meer gelegen. Die erstmals Mitte des 15. Jahrhunderts urkundlich erwähnte Niederlassung von Bergener Kaufleuten erhielt Mitte des 19. Jahrhunderts die Stadtrechte. Bald zählte der Ort mit seinen rund 10.000 Einwohnern (inzwischen knapp 44.500 Bewohner) zu den größten Fischereihäfen Norwegens. Das im Reisebericht erwähnte Feuer des Jahres 1904 brach im Januar durch eine umgekippte Petroleumlampe in einer Margarinefabrik aus und zerstörte rund 850 Häuser. Mit deutscher Hilfe (Kaiser Wilhelm II. sponserte aus seinem Privatvermögen Lebensmittel, Medikamente, Baumaterialien und Schiffe) wurde die zerstörte Stadt in Stein und im Jugendstil wiedererrichtet, darunter die mit eindrucksvollen Glasmalereien ausgestattete Ålesund-Kirche, erbaut 1909. Aus Dankbarkeit für die schnelle Hilfe sind im Ort einige Andenken an Kaiser Wilhelm II. zu finden, etwa eine nach ihm benannte Hauptstraße und ein Gedenkstein im Stadtpark.

Eine weitere Stippvisite galt *Molde*, mittlerweile seit über hundert Jahren auch Anlegestelle der Schiffe der Hurtigruten. Kaiser Wilhelm II. besuchte den Ort zwischen 1889 und 1914 mit Ausnahme von 1905 regelmäßig. Auch der Schriftsteller Henrik Ibsen (1828-1906) verbrachte mehrmals seinen Urlaub dort. Der Name der Stadt leitet sich von dem norwegischen Wort für Mutterboden „Mold“ ab. Neben den vielerlei mitteleuropäischen Laubbäumen gedeihen wegen des Ausläufers des Golfstromes und der geschützten Lage selbst Rosen noch prächtig, weshalb die Stadt auch als „Rosens by“= „Stadt der Rosen“ bezeichnet wird. Neben der Holzproduktion förderte vor allem der Export von Hering die Entwicklung der Stadt.

Molde wurde Mitte des 15. Jahrhunderts gegründet. Im Jahr 1742 erhielt der Ort am Moldefjord die Stadtrechte. Doch auch hier stammt die heutige Bausubstanz hauptsächlich aus der zweiten Hälfte des

20. Jahrhunderts. 1940 wurden weite Teile der Stadt durch Bomben zerstört. Seit den 1950er Jahren präsentiert sich Molde als moderne Stadt mit zahlreichen sehr gepflegten Gärten. Inzwischen zählt die Stadt rund 24.000 Einwohner und ist Hauptort von acht Kommunen im Romsdal (Klaffehn schreibt irrtümlich Romsdahl).

Das *Romsdal*, ein Tal vom Romsdal-Fjord nach Südosten verlaufend, ist wegen des Gegensatzes zwischen den umgebenden gewaltigen Felsenmassen mit Gletschern und ewigem Schnee und der üppigen Vegetation des Talgrundes berühmt. Im Tal leben heute rund 57.000 Einwohner auf einer Fläche von rund 3.800 km^2.

Der vergleichsweise unspektakulären Wagenfahrt durch das Romsdal folgt die Weiterfahrt nach *Trondheim* (frühere Schreibweise Drontheim bzw. Trondhjem), mit einer inzwischen vierfach angewachsenen Bevölkerungszahl. 997 als Nidaros an der Mündung des Flusses Nidelva gegründet, ist die Stadt mit ihren inzwischen rund 176.000 Einwohnern nach Oslo und Bergen die drittgrößte Kommune des Landes, Universitätsstadt mit reichem Kulturangebot und wichtiger Verkehrsknotenpunkt für den nördlichen Teil von Norwegen. Im Mittelalter war die Stadt religiöses Zentrum des Landes und wichtiger Wallfahrtsort in Nordeuropa. 1050 wurde sie zum Bischofssitz unter Bremen, was der Stadt zur weiteren Blüte verhalf. Weil der mittelalterliche Nidaros-Dom in seinem Bestand bedroht war, begann Mitte des 19. Jahrhundert die von Klaffehn erwähnte, mangels Bauplänen nicht unumstrittene Rekonstruktion. Erst 2001(!) kam sie zum Abschluss.

Der Anschluss an das norwegische (1877) und das schwedische Eisenbahnnetz (1881) brachte die Stadt voran. Im 19. Jahrhundert begann die industrielle Entwicklung mit Ziegeleien, mechanischen Betrieben und Werften. Gut 100 Jahre hatte die Werft Trondhjems Mekaniske Værksted (TMV) Bestand, ehe dieser einst größte Arbeitgeber der Stadt auf Grund von mangelnder Wirtschaftlichkeit 1982 geschlossen werden musste. Sehenswert ist heute das zum Stadtteil „Unterer Flusshafen" (Nedre Elvehavn) umfunktionierte ehemalige Betriebsgelände mit seinen Restaurants, Einkaufszentrum und Wohnungen.

Während des Zweiten Weltkrieges, zwischen April 1940 und Mai 1945, war Trondheim von deutschen Truppen besetzt. Bald nach

Kriegsbeginn gab es Pläne für eine Marinebasis, wovon noch Fundamente von Fliegerabwehrkanonen sowie zwei U-Boot-Bunker zeugen.

Eine wunderbare Fahrt durch den *Geirangerfjord* schloss sich an, wo die Einwohner heute fast ausschließlich vom Tourismus leben; neben den Hurtigruten-Schiffen passieren jährlich über 100 Kreuzfahrtschiffe diesen Fjord. Gleich tausender anderer bewunderte Klaffehn die Wasserfälle mit den schönen Namen „Brautschleier" oder „Sieben Schwestern", deren höchste Fallhöhe 300 Meter beträgt. Wegen des geringeren Schneefalls in den Wintern, sind in den Sommermonaten teilweise nur noch vier Schwestern zu sehen - gegenüber dem flaschenförmig erscheinenden Wasserfall „Freier" (Friaren).

Höhepunkt war eine Fahrt von *Merok* zum Hotel „Djupvasshytta", dessen Name Klaffehn irrtümlich auch für das Gebirge annahm. Gleich daneben schimmert blaugrün, oft aber auch schnee- und eisbedeckt, der See Djupvatnet (1.016 m) – Bild Seite 92.

Eine private Mautstraße, Nibbevei genannt, führt heute von dort auf den Gipfel Dalsnibba. Seit mehr als hundert Jahren ist der mit einer Straße erschlossene Berg wegen der Aussicht auf den sieben Kilometer entfernten Geirangerfjord beliebt. Auf knapp 1.500 Metern ist die Gegend auch im Sommer oft noch schneebedeckt.

Zum Verlust der Ursprünglichkeit: Schon 25 Jahre später (1938) wird auf den Norwegenfahrten ein 4-stündiger *Auto*ausflug „hinauf zur Wasserscheide zwischen dem Atlantischen Ozean und dem Skagerrak, vorbei an Schluchten und Gletschermühlen zur Djupvandshytte und dem Djupvansgletscher" angeboten. Seither geht es in motorratternder Kolonne dort hinauf.

Das Ende der Norwegenreise naht mit dem Besuch von *Oye* (im Bericht Oie), über das der Bericht nichts Näheres zu erkennen gibt, wo aber doch zahlreiche Natur- und Kulturerlebnisse auf die Besucher warteten. Der See Lygnstøylvatnet bildete sich nach einer Steinlawine im Jahr 1908 heraus, darin Reste einer alten Straße sowie von Gebäuden und Umzäunungen. Das Hotel Union Øye von 1881 wurde beliebt bei Europas Aristokratie und der bürgerlichen Oberschicht. Kaiser und Mitglieder von Königshäusern waren und sind seine Besucher.

Seit einem halben Jahrhundert gehört auch eine spätmittelalterliche Stabkirche zu den Attraktionen des Ortes: Nach dem Abriss 1747 verstaute man 156 Teile unter dem Fußboden einer neuen Kirche. Von einem Handwerker 1935 zufällig entdeckt, konnte sie zwanzig Jahre später rekonstruiert werden.

Über den idyllischen Loensee ging es bei regnerischem Wetter weiter nach *Kjenndalen* mit dem Kjenndalgletscher am Ende des Lotales. Von 1980 bis 1997 wuchsen die Gletscher um mehr als 300 Meter; in den letzen Jahren gingen die Gletscherarme wieder zurück.

Letzte Station ist *Bergen*, heute mit knapp 264.000 Einwohnern die zweitgrößte Stadt Norwegens und Standort der Werftenindustrie. Nach Angaben in den Königssagas wurde Bergen 1070 als Bjørgvin („Wiese zwischen den Bergen") von König Olav Kyrre gegründet. Ab dem 12. Jahrhundert wurde Bergen zur Krönungsstadt, worin es später von Trondheim abgelöst wurde.

Die Stadt ist Ausgangspunkt der „Bergenbahn" nach Oslo, eine der schönsten Eisenbahnstrecken Europas, sowie Ausgangspunkt der Postschiffe der Hurtigruten nach Kirkenes (über Ålesund, Trondheim, Tromsø und Hammerfest). Außerdem verfügt die Stadt über den internationalen Flughafen Bergen-Flesland mit zahlreichen nationalen und internationalen Verbindungen.

Bergen ist geprägt durch die am Naturhafen Vågen verlaufende Bryggen oder früher Tyske Bryggen (norwegisch für Landungsbrücke/Kai bzw. Deutscher Kai), seit 1360 ein Kontor der Hanse. Ebenfalls aus dieser Zeit stammt die Marienkirche.

Nach mehreren verheerenden Stadtbränden (zuletzt 1916), begünstigt durch die typisch norwegische Holzbauweise, erließ die Stadt Verordnungen, die den Bau von Holzhäusern auf dem Stadtgebiet nicht mehr gestattete. Das Hafenviertel Bryggen wurde jedoch nach jeder Zerstörung nach originalen Plänen wieder aufgebaut. Das Profil ist daher noch heute dasselbe wie im 12. Jahrhundert, weshalb es die UNESCO zum Weltkulturerbe ernannte. Georg Klaffehn zeigte sich außerdem beeindruckt vom 1906/09 neuerbauten Theater Den Nationale Scene.

Auch in Bergen hat sich das Antlitz der Stadt seit den Vorkriegszeiten deutlich verändert. Schon am ersten Tag der deutschen Invasion am

9. April 1940 wurde die Stadt von deutschen Truppen besetzt und später durch alliiertes Bombardement beschädigt. Heute ist Bergen stark durch die norwegische Erdölförderung geprägt. Weitere Wirtschaftsfaktoren sind der ausgedehnte Seehafen und die damit verbundene Werft- und Fischindustrie (Aquakulturen) sowie der Maschinenbau, die Stahlerzeugung, die Textil- und die elektrotechnische Industrie. Damals wie heute ist die Stadt mit (inzwischen) 2.548 mm Niederschlag an 248 Regentagen im Jahr (Stand: 2005) die regenreichste Großstadt Europas.

„eine beinahe verfallene norwegische Hütte besuchen wir"

Der Reisebericht

Reisen legt die im Alltag verschütteten Empfindungen und Gefühle frei. Das war schon damals so. Vielleicht deshalb versuchte Georg Klaffehn sein Kaufmannsdasein für ein paar Tage weit hinter sich zu lassen und anschließend von der „herrliche(n) Nordlandreise" so viel als möglich in den Alltag hinüberzuretten. Der Erinnerung dienten die vielfach zum Verkauf angebotenen Souvenirs und Bildpostkarten sowie die auf der Reise angefertigten Notizen.

Die mit einem romantischen Grundgefühl notierten Aufzeichnungen scheinen mit zwei Anliegen verknüpft zu sein. Zum Einen ging es dem Unternehmer um die *Inhaltsvermittlung*. Die Daheimgebliebenen sollten über die Reiseziele unterrichtet werden. Klaffehn begnügte sich nicht mit dem Versenden der seit 1875 in Mode gekommenen Ansichtskarten, die seit 1905 sogar auf der Anschriftenseite beschrieben werden durften und somit mehr Platz für Grüße *und* Informationen ließen.

Andererseits ist der Reisebericht Klaffehns sehr privat gehalten, und das führt zu einem weiteren Grund seiner Bemühungen. Der Bericht unterstützte die *Selbsterfahrung* des Unternehmers. Erwartungsgemäß erfuhr sich Georg Klaffehn im Urlaub vor allem in emotionaler Hinsicht. Und das schien er zeigen und festhalten zu wollen, obwohl er damit nicht dem gesellschaftlichen Leitbild entsprach. So gibt sich Klaffehn in seinen Aufzeichnungen gefühlsbetont - und das, wo die Ermahnung „sei ein Mann" im 19. und frühen 20. Jahrhundert zu einem Gemeinplatz geworden war, der die sogenannten männlichen Tugenden wie Willenskraft, Ehre, Mut und Selbstbeherrschung in den Vordergrund gerückt hatte. Es passt zu Klaffehns Intention, dass er dem Bericht ein Jahr darauf das Erlebnis einer kleinen Fahrt nach Kyritz, dem Ort seiner Kindheit, beifügte, worin er wiederholt auch körperliche Züchtigungen - Schmerzen der Seele - erwähnt, die bis ins 20. Jahrhundert hinein gang und gäbe waren. Somit gibt dieser Anhang Aufschluss über die Kindheit des Verfassers um 1880. Mehr wird über den Mittvierziger, vermutlich Witwer, nicht bekannt.

Sozialstudien fanden in den vorliegenden Reisebericht bis auf wenige Beobachtungen kaum Eingang. Weit entfernt ist der Bericht daher von den Forderungen des proletarischen Touristenvereins ‚Die Naturfreunde': „Das Auge soll nicht nur trunken sein vom Anblick herrlicher Panoramen, sondern auch Zeit finden zur Betrachtung der Menschen selbst".[23] In Anlehnung an die Naturfreunde plädierten später auch die Arbeiterreiseorganisationen in der Weimarer Republik für ein Reiseverhalten des ‚Sozialen Schauens', das den Menschen in seinem sozialen und politischen Umfeld wahrnimmt. Klaffehn blieb für solcherlei Betrachtungen wenig Zeit, er gelangte über die touristisch erschlossenen Gebiete kaum hinaus. Tiefergehende Studien lagen in der Urlaubssituation gänzlich fern. Im gesamten Reisebericht überwiegt die Freude über die Reise. Selbst die Sprache ist nicht so ausgefeilt und gesetzt, wie das bei vergleichbaren zeitgenössischen Berichten zu finden ist.[24] Zuweilen bricht sich eine verbliebene Jugendlichkeit Bahn (in Hamburg sucht er „ruppige", d.h. ausgefallene Lokale auf; in Norwegen fühlt er sich angesichts der Naturschönheiten „futsch"); auch im Wechsel der Zeitformen drücken sich Emotionen aus.[25] Klaffehn konnte sich ganz dem Genuss hingeben, gemäß einem kleinen Reiseführer aus dem Jahre 1861: „Wer hat Lust, sich mit gelehrten Dingen zu beschäftigen, wenn es gilt, sich gesund zu machen? Studieren kann man zu Hause an seinem Pulte, in seinen vier Pfählen. Aber wenn man sich erfrischen,

---

[23] Zit. nach BUCHSTEINER, Arbeiter und Tourismus, 1984, S. 44.

[24] Stefan WOLTER (Hg.): „Welch überwältigender Anblick bietet sich unseren staunenden Augen dar". Ehepaar Pietsch auf Vergnügungsreise an Ost- und Nordsee 1908/12.

[25] Zahlreiche Sätze wurden zugunsten der Lesbarkeit geteilt, der Text weitgehend der modernen Rechtschreibung und Interpunktion angepasst. Auch die Zwischenüberschriften wurden nachträglich eingefügt.

erstarken und von leiblichen Beschwerden befreien will, da lässt man allen gedruckten Krimskrams hinter sich, bewundert das Meer, die untergehende Sonne, die strahlenden Sterne. Man schlürft die Seeluft, kühlt sich am Wellenschlage und nimmt höchstens ein Büchelchen zur Hand ...“[26].

Mit der Schilderung persönlicher Eindrücke gemäß dem Wunsch nach Selbsterfahrung knüpfte Georg Klaffehn an die Reiseberichte des 18. Jahrhunderts an. Noch um 1900 waren Reiseberichte eine vielbeachtete und beliebte literarische Gattung. Heute haben sie viel von ihrer einstigen Bedeutung verloren. Dies liegt wohl vor allem im Aufkommen neuer Medien und der Neubewertung des Reisens aufgrund der zunehmenden Reisetätigkeit begründet. Die im Massentourismus zunehmende „Hast“ und die Schematisierung des Reisens ging mit einer „Ent-Individualisierung“ des Erlebens einher. Motivation und Erleben der Reise änderten sich. Vielfach fehlt selbst für eine Postkarte die Muse, es genügen heute SMS und Internet, wobei Letzteres eine neue Form der Verarbeitung und Verbreitung des Erlebten bietet.[27]

Obgleich infolge aufkommender Pauschalreisen sich schon am Vorabend des Ersten Weltkrieges ein verändertes Reiseverhalten abzeichnete, verwendete Klaffehn noch viel Zeit darauf, seine Erlebnisse in Schönschrift zu Papier zu bringen. Während die individuellen Beobachtungen dem Reisebericht einen unverwechselbaren Charme verleihen, ist der einfache, unterhaltende Stil typisch für eine Vielzahl ähnlicher Beschreibungen jener Zeit. Insofern zeugt der Reisebericht von der Schriftkultur des selbstbewussten Bürgertums um 1900.

---

[26] Feodora WEHL: Ganz Helgoland. Illustrierter Fremdenführer von Hamburg nach Helgoland und Begleiter auf der Insel in allen Theilen, Hamburg 1861, S. 3 f.

[27] Zu diesem Abschnitt: Christine KEITZ, Reisen zwischen Kultur und Gegenkultur – ›Baedeker‹ und die ersten Arbeitertouristen in der Weimarer Republik, in: SPODE (Hrsg.), Zur Sonne, zur Freiheit! 1991, S. 47-60; Marlies EBERT, Gruß aus Berlin, 1986, S. 7; George L. MOSSE, Das Bild des Mannes. Zur Konstruktion der modernen Männlichkeit. (Übersetzung Tatjana Kruse), Frankfurt am Main 1997, S. 9. Vgl. auch Ute FREVERT, Soldaten, Staatsbürger. Überlegungen zur historischen Konstruktion von Männlichkeit, in: Thomas KÜHNE (Hrsg.), Männer-Geschichte, Geschlechter-Geschichte, 1996, S. 69 ff. BAEDEKER, Schweden und Norwegen, 1903, S. XIII.

Georg Klaffehn
„Wir sind ja alle Vergnügungsreisende“

Reisen ist meine Passion schon von jeher gewesen. Darin liegt auch wirklicher Hochgenuss und ist gewissermaßen „das höchste der Gefühle“. Wenigstens für mich. Die Seele wird freudig erregt, das Herz springt vor lauter Lust und Freude. Das Auge strahlt und sieht vergnügt in die Welt, und der ganze innere Mensch fühlt Befriedigung und einen gewissen Stolz, wenn man nach des Jahres Last und Hitze, Ärger und Verdruss sich die so wohl verdienten Ferien - Erholung gönnt.

Über meine Ferienreise 1913 war ich mir lange Zeit nicht recht klar, ich konnte zu keinem rechten Entschlusse kommen. Erst wollte ich See, dann Schweiz oder Tirol, und schließlich entschied ich mich plötzlich für eine Nordlandfahrt. Der Wankelmut über mein Reiseziel lag in meinen reichlich heruntergekommenen Nerven, denn sonst bin ich gewohnt, mich schneller zu entschließen. Na also, es sollte das von unserem Kaiser so viel bevorzugte und gelobte Norwegen sein.

Das Schiffsbillet war schnell bei der hiesigen Agentur der Hamburg-Amerika-Linie bestellt, am Dienstagabend. Und Donnerstagfrüh, den 29. Mai 7.23 Uhr, ging die Reise los, mit dem ersten Ziel - Kiel.

Gewöhnlich mache ich längere Reisen nur geschäftlich und hauptsächlich dann, wenn es auf irgendeiner Ecke „brenzlich“ wird, was nie zu den Annehmlichkeiten des Daseins gehört, weil man in solchen Fällen meistens „den Kopf voll hat“. Diesmal war es aber ein ganz eigenartiges erwartungsvolles Gefühl, was mich beherrschte. Freude über das, was mir alles bevorstand und nicht zum letzten beschäftigte mich lebhaft der Gedanke: werde ich seekrank?!

Zunächst hatte ich mächtige Sehnsucht nach der schönen Seestadt Kiel. Denn da Hamburg der Ausgangspunkt unserer Nordlandreise war, so wollte ich die Gelegenheit nicht vorübergehen lassen, mein geliebtes Kiel mal wieder zu sehen, wo ich vor ungefähr 20 Jahren auf Wunsch meines Vaters mir die Sporen zum Postdienst erobern sollte. Wie aber so oft im Leben kommt es oft anders als man denkt. Ich selbst hatte keine rechte Lust und Liebe zu dem Beruf, aber meines Vaters Wunsch war es, ich sollte mal in den Staatsdienst. Und als gut erzogener Sohn gehorchte ich. Nach Absolvierung der Vorbereitungsanstalt in Kiel sattelte ich aber zum Kaufmann um, das war mein Ideal!

Also meine erste Jünglingszeit genoß ich in Kiel. Den Platz und die Gebäude zu sehen, wo ich circa 1 ½ Jahre „geschwitzt" hatte, frohe und trübe Stunden verlebte, war zunächst das Ziel meiner Wünsche.

Nachdem ich in Hamburg eine gehörige Portion Mittagbrot verstaut hatte, ging es mit dem D-Zug um 3 Uhr weiter. Neumünster ist bald erreicht, mit Riesenschritten fliege ich dem Ziel meiner Sehnsucht entgegen.

Endlich ½ 6 Uhr abends braust der Zug in die Kieler Bahnhofshalle. Mein Herz schlägt höher und so laut vor Spannung und Erwartung, dass ich es tatsächlich klopfen höre.

Kiel

Der Bahnhof selbst tritt mir als alter Bekannter entgegen. In großen Umrissen schwebt mir das Bild noch vor meiner Seele. Nach und nach erinnere ich mich auch der Einzelheiten. Mit neugierigen Schritten trete ich aus der Halle heraus.

Aber alles, was ich jetzt vor mir sehe, ist fremd. Es hat sich in den 20 Jahren, wie es ja gar nicht anders zu erwarten ist, vollständig verändert.

Zunächst besuchte ich alte liebe Bekannte aus Rostock, die nach Kiel verzogen waren und merkwürdigerweise nach vielen Jahren einige Tage vor meiner Abreise einen Ansichtskartengruß sandten. Familie Albrecht nahm mich herzlich auf. Ich fühlte mich wirklich wohl bei ihnen und war natürlich die meiste Zeit meines Kieler Aufenthaltes von Donnerstag bis Sonnabend mit diesen zusammen.

Nach dem gemeinschaftlichen Abendbrot machten wir zusammen einen allgemeinen gemütlichen Bummel nach dem weltberühmten Hafen und dem Düsternbrooker Gehölz, dem Hauptanziehungspunkt Kiels. Der Tag selbst war prächtig, der Abendsonnenschein überflutete den Hafen noch mit seinen Strahlen und geradezu zauberhaft wirkte das herrliche, recht lebendige Hafenbild auf mich. Das Wasser und der Himmel waren stahlblau und die vielen größeren und kleineren Schiffe verschönten das Gesamtbild ganz besonders. Lange stand ich da, gefesselt und überbewältigt, in Gedanken versunken an längst vergangene Zeiten. Nachdem die Sonne verschwunden war, legte sich Dämmerung über den Hafen. Wir steuerten dem „Flensburger Hof", meinem Hotel, zu, wo sich der Schlussschoppen noch bis 1 Uhr ausdehnte.

Am nächsten Morgen ziemlich früh brach ich nach der Ringstraße 55 auf, um den früheren Unterrichtsgebäuden meinen Besuch abzustatten. Aber wie erstaunt und enttäuscht war ich beim Anblick derselben. Kaum, dass ich sie wiedererkannte meine frühere Wirkungsstätte: „O wie hast du Dir verändert" hätte ich ausrufen mögen!

Von den früher so stolzen und großen Gebäuden, wo circa 800 Schülern die Weisheit eingetrichtert wurde, war fast nichts mehr zu sehen. Das Hauptgebäude (Front) stand noch ziemlich unverändert da, aber die Neben- und Hintergebäude, die ziemlich umfangreich waren, waren beinahe ganz verschwunden!

Mit eigenartigen, ja ich möchte sagen wehmütigen Gefühlen sah ich mir alles an, was noch zu sehen war. Ich sah noch mein Klassengebäude, sah die Treppe, wo ich x mal hinauf und herunter gesprungen bin, wie ein unbändiges Füllen, sah auch noch die Fenster meiner Klasse, aber hinein konnte ich nicht, da der Raum zu Speicherzwecken benutzt wird und verschlossen war.

Ich ging denselben Weg, den ich so oft mit meinen Kameraden in heiteren und trüben Stunden gegangen bin, wenn wir nach angestrengter Arbeit ausgehen durften - auch zu den Fenstern sah ich hinauf, hinter welchen sich meine ehemalige Bude befand, die ich mit noch 5 anderen Schulkameraden teilte. Schön, herrlich, sorgenlos war die Zeit, die ich in Kiel verlebte. Heute aber zog ich enttäuscht von dannen, wieder dem schönen abwechlungsreichen Hafenbilde zu.

Langsam bummelte ich am Hafen entlang, alles hatte ja für mich das größte Interesse, waren es doch alte liebe Erinnerungen, die in mir wach wurden. Auch an der alten bekannten Schifferhalle kam ich vorüber, wo wir als sogenannte „grüne Jungens" von 15/16 Jahren, die erst noch hinter den Ohren trocken werden mussten, gekneipt hatten. Mit Würde und Anstand und besonderer Wichtigkeit leisteten wir uns 1 x in der Woche den Luxus eines Schnitt Biers und hielten uns möglichst geräuschvoll circa 1 Stunde dabei auf. Es gab wie ja überall auch „Leichtsinnige" zwischen uns, die von Muttern einen Extra-Zuschuß hatten, diese gönnten sich ausnahmsweise ein paar „echte Wiener Würstchen". Ich weiß nicht mehr den Preis dafür, aber billig waren sie, das weiß ich ganz sicher!!! Jeden Sonntag gingen wir aus. Von früh ab hatten wir Zeit, machten größere oder kleinere Ausflüge in die Umgebung. Parole aber war stets, wenig oder gar nichts ausgeben. Dies nebenbei, ich bitte um Entschuldigung wegen der Abschweifung.

Nun wieder zu Freund Albrecht, mit dem ich gleich in der ersten Minute Brüderschaft gemacht hatte. Ich holte ihn gegen ½ 10 ab wie verabredet, nachdem ich also meinen Solo-Hafenbummel hinter mir hatte. Wir fuhren nach Holtenau mit der Elektrischen, um nach der weltberühmten Holtenauer Hochbrücke zu kommen, ein Meisterwerk der Technik, wovon wohl schon jeder Leser mehr oder weniger informiert ist.

Man hat von der Mitte der Brücke einen wundervollen Rundblick. Unter uns im Kanal verkehren Dampfschiffe und Lastkähne eifrig hin und her und sehen von unserem Standort aus wie kleine Spielzeuge. Die Riesenbrücke ist so gebaut, dass sie im Kriegsfalle durch Lösen eines einzigen großen Bolzens sofort zusammenstürzt.

Zurück ging es wieder stolz zu Fuß, natürlich am Hafen entlang. Vor unseren Augen tauchte der gewaltige Torpedohafen auf, wo unzählige Torpedoboote lagen, die durch ihre schwarze Farbe und schwarzen kurzen, sehr starken Schornsteinen recht unheimlich wirken. Auch kleinere Kriegs-, Vermessungs-, Minenschiffe lagen im Hafen vor Anker und von einer Marineordonanz hörten wir auf Befragen, dass Nachmittag zwischen 3-6 die Hochseeflotte nach vierwöchentlicher Übung im Hafen vor Anker gehe. Da war natürlich die Freude groß, denn nur „Auserwählten" ist es beschieden, solches Glück zu haben, wenn man nur auf 3 Tage in Kiel ist. Glück muss der Mensch haben. Unser Entschluss stand sofort fest: Nachmittags auf preußischem Dampfer der Kriegsflotte entgegen.

Von 12-2 Uhr mittags regnet es, was nur vom Himmel herunter will. Die Aussichten auf Einfahrt der Flotte bei Sonnenschein sind sehr gering, unsere Aktien fallen also bedeutend.

Beim Nachhausegehen mittags sehen wir noch den Hafen für Unterseeboote. Mehrere davon, ich sehe dieselben zum ersten Mal, liegen still vor Anker, eines kommt gerade in langsamer Fahrt heran. Ich will mit aller Gewalt ein Unterseeboot besichtigen (von innen natürlich), und frage dieserhalb einen wachhabenden Offizier. Höflich aber bestimmt weist mich dieser zurück. Der Zutritt ist niemand, selbst vielen Seeoffizieren nicht gestattet.

Nachdem ich bei Albrechts meinen Heißhunger gestillt habe und wir noch mit ängstlichen fragenden Blicken nach den Wolken schauen, hellt sich der Himmel plötzlich auf, der Regen hört auf und wir haben wieder mal alle Ursache, vergnügt und zufrieden zu sein. Fröhlich und guter Dinge mache ich mich mit Freund Albrecht auf den Weg und steuere dem Hafen zu (seine Frau und Besuch bleibt daheim). Die Sonne bricht auch plötzlich wieder durch die Wolken, als wir auf den Dampfer steigen. Das Schiff wiegt sich leise und behaglich in seinem Element, ein ganz kleiner Vorgeschmack für die bevorstehende Seereise.

Die Schiffspfeife ertönt. Der kleine Dampfer setzt sich in Bewegung, und in ca. 1 Std. haben wir Friedrichsort erreicht, was ich, trotzdem ich 1 ½ Jahre in Kiel gewesen bin, zum ersten Mal sehe (das Taschengeld langte eben früher nicht hin, obgleich es nur 35 Pf. kostet).

Die Torpedo-Geschoßabteilung, die direkt neben der Dampferanlegestelle liegt, übt gerade. Ein Signalarm wird gezogen, wir passen scharf auf, plötzlich platscht etwas ins Wasser mit sehr starkem Geräusch. Im selben Moment sehen wir eine Furche an der Oberfläche des Wasserspiegels, als wenn ein Maulwurf unter der Erde seine Bahn zieht. Weit hinten auf dem Wasser ist ein Gerüst (die Scheibe) sichtbar. Der Mann auf derselben gibt ein Zeichen, daß das blinde Geschoß in der Mitte, wie es soll, durchgegangen ist. Wir können dies alles mit dem bloßen Auge bei dem klaren schönen Wetter erkennen.

Das Geschoß kommt hinter der Scheibe wieder an die Oberfläche und wird von kleinen Dampfbarkassen der Torpedostation wieder aufgefischt. Unser kleiner Dampfer würgelt inzwischen weiter Laboe zu, einem kleinen friedlichen Fischerdorfe. Auf beiden Seiten der ziemlich weit zurückliegenden Ufer sehen wir starke, meistens verdeckte Befestigungswerke. Nach ½-stündiger Fahrt haben wir Laboe erreicht, wo ich auch zum ersten Mal in meinem Leben bin. Wir haben soeben unsere kleine Fußwanderung am Strand entlang begonnen, da sehen wir in weiter Ferne von See kommend drei große dunkelgraue Schatten. Unsere Herzen schlagen höher, mit größter Spannung verfolgen wir die Punkte, es müssen Kriegsschiffe sein - und richtig! Nach kurzer Zeit wird unsere Vermutung Gewissheit, die Umrisse heben sich mehr und mehr am Horizont ab, wir können nach und nach deutlich Aufbauten und Schornsteine der Kriegschiffe unterscheiden, und nach einer ½ Stunde ziehen dieselben majestätisch hintereinander in Kiellinie an uns vorüber; ein Anblick, den ich im ganzen Leben nicht vergessen werde. Weitere Schiffe tauchen am Horizont auf, steuern an uns vorüber und steuern dem Heimathafen zu.

Die Abfahrtszeit für unseren Dampfer ist wieder heran, wir sind rechtzeitig zur Stelle und fahren wieder zurück. Weitere Schiffe der Kriegsmarine überholen uns während der Rückfahrt, eins immer schöner und größer wie das andere. Alle Vaterlandsfreunde auf unserem kleinen Schiff genießen mit Stolz und Freude das schöne Bild, welches an uns vorüberzieht. ‚Lieb Vaterland magst ruhig sein', denke ich beim Anblick dieser gewaltigen Riesen, denn diese Panzerkolosse mit ihren ausgezeichneten I.-klassigen Mannschaften und Führern werden im Ernstfalle ihre Schuldigkeit voll und ganz tun.

Wir kommen langsam wieder mehr in den inneren Hafen, das Bild hat sich hier inzwischen gewaltig verändert, man kann sich gar nicht denken, dass es derselbe Hafen ist, den wir vor ca. 3 Std. verlassen haben. Überall ist es lebendig geworden, die größeren und kleineren Schiffe liegen ziemlich dicht nebeneinander (einige 100 mtr.) vor Anker, unzählige kleine Dampfboote sausen in unglaublich schneller Fahrt hin und her, vermitteln den Verkehr zwischen Kriegsschiffen und Land und bringen vollgepfropft bis auf den kleinsten Raum die Mannschaften und Offiziere an Land, auf welche die Angehörigen sehnsüchtig warten. Das Straßenbild sieht infolge der Ankunft des Geschwaders auch ganz anders aus. Es wimmelt überall, wohin man sieht, von Marine. Freudig erregt und froh gestimmt komme ich mit Freund Albrecht zurück. Wir futtern uns erst mal satt und gehen nunmehr mit den Damen Frau Albrecht und Frl. Lies aus Schwerin, die bei Albrechts zu Besuch war, aus. Unser Weg führt uns zunächst wieder nach dem Hafen und der Düsternbrooker Allee, dann suchen wir uns Unterkunft in einem erstklassigen, ganz modernen neuen Hansa-Restaurant, wo wir bei

Unterhaltungsmusik bei diversen Schoppen Pilsener einige Stunden verweilen.

Alle vier haben wir noch Unternehmungsgeist, als wir um 1 Uhr aufbrechen. Wir wollen noch einige recht ruppige Sachen sehen, Cafès oder dergleichen, also „Kiel bei Nacht“. Ich habe schon mit Hilfe eines Schutzmannes das diesbezügliche Terrain geklärt, plötzlich aber zieht ein starkes Gewitter herauf, die Damen werden unruhig und wollen so schnell wie möglich nach Hause - Bangbüchsen! So wurde uns durch unser so schön erdachtes Programm ein dicker Strich gemacht!

Sonnabend früh! Ich hatte mich schon am Abend vorher von Albrechts verabschiedet und segele nun allein zu Fuß los, steige auf einen Dampfer, die in unzähligen Mengen auf dem Hafen verkehren, um nochmals eine Fahrt auf dem äußerst interessanten Hafen zu machen. Es geht wieder an den im herrlichsten Sonnenschein daliegenden Kriegsschiffen vorbei.

Sehnsüchtig schaue ich an den Ufern entlang, ist es doch unwahrscheinlich, dass ich so bald wiederkomme. Reges geschäftiges Leben pulsiert überall, wohin man blickt, die stolzen Panzerschiffe liegen regungslos vor Anker und sonnen ihre blitzenden Leiber. Überall ist außerordentliche Tätigkeit auf den Schiffen sichtbar, was man deutlich sehen kann.

Ich will zum Abschied noch ein Kriegsschiff besichtigen, was nur unter Mittag zwischen 12 – 3 gestattet ist. Es ist ½ 12 Uhr, also die richtige Zeit. Bei der nächsten Landungsbrücke steige ich aus, lasse mich durch ein Segelboot an den Panzerkreuzer „Preußen“ heranbringen und frage vom Boot aus den an der Schiffstreppe stehenden wachhabenden Offizier, ob ich besehen darf. Selbstverständlich wird's bejaht und schnell klettere ich die etwas schwankende Schiffstreppe herauf. Ein Matrose wird mir zur Führung beigegeben, und so lerne ich denn die Geheimnisse an Bord kennen, soweit sie eben im Interesse der Landesverteidigung dem Besucher gezeigt werden.

Eigentlich wollte ich ja eines unserer größten, neuesten Schiffe sehen, aber dieselben sind nicht freigegeben, um Spione keine Gelegenheit zu geben, Neuerungen etc. abzusehen.

Die Preußen ist schon ein ganz respektabler Kasten mit 18.000 Tons, die neuesten allerdings 25/26.000.[28] Überall auf dem Schiff herrscht die größte Sauberkeit, jeder Raum ist auf den Zentimeter ausgenutzt. Gegen ein Extra-Trinkgeld zeigt man mir auch die stark gepanzerten Geschütztürme. Ich krieche in den Turm herein und lasse mir alles genau erklären; gegen 1 Uhr verlasse ich hochbefriedigt das Schiff mit einem Dampfboot von der Preußen. Meinen treuen Führer, den Matrosen, hatte ich inzwischen abgelohnt. Dieselben sollen zwar kein Trinkgeld nehmen, aber man weiß ja, wie das gemeint ist und wer gäbe nicht gern unseren braven artigen Matrosen ein Trinkgeld!

2.24 Uhr nachmittags geht mein Zug. Mir wird die Zeit verdammt knapp, denn der Weg ist ziemlich weit, die Hitze ist niederträchtig, ich muß, bis ich an die Elektrische komme, manchmal einen ganz netten Trapp anschlagen. Aber schließlich werde ich auch belohnt dafür, ich erreiche einige Minuten vor der Abfahrt noch den Zug. Mittagessen war diesmal Luxus, den ich mir wegen der knappen Zeit nicht leisten konnte.

---

[28] Zur Herausbildung der Schiffsmaße vgl. http://de.wikipedia.org/wiki/Schiffsmaße.

Hamburg

Um 5 Uhr ist Hamburg erreicht. Ich besichtige hier gleich den Elbtunnel, eine prächtige, wenn auch teure Leistung der Baukunst. Kostenpunkt 11 Millionen.

Vorn sieht man außen nichts vom Tunnel. Nur ein großes viereckiges Gebäude steht an dem Platz, wo der Tunnel sich befindet. Eine große Einfahrt sieht man auf einer Seite, wo sich die beiden Riesenfahrstühle befinden, welche neben ca. 100 Personen auch 2 Autos oder komplette zweispännige Kutschen aufnehmen. Der Führer des Fahrstuhls drückt auf den Knopf, nachdem die Schranke geschlossen ist und geräuschlos, ohne es richtig zu bemerken, setzt der Riesenfahrstuhl sich in Bewegung.

In 2 Minuten ist man unten angelangt, eine richtige Fahrstraße mit Seitentrittoire sieht man vor sich in einer schnurgeraden Linie von ca. 1.500 Metern. Eigentlich sind es zwei. Auf einer geht und fährt man hin, auf der anderen, die durch eine starke vollständige Wand geschlossen ist, geht's zurück. Der Tunnel selbst hat reichlich elektrisch Licht, die Luft ist ausgezeichnet, mit prachtvollen, ganz hellen Glasursteinen ausgemauert und gewölbt.

Ein eigenartiges Gefühl beschleicht mich. Ich stehe in der Mitte des Tunnels und sage mir: Jetzt bist Du unter der Elbe, wo die Wellen sich unruhig hin und her jagen und das geschäftige Leben und Treiben der Schiffe herrscht.

Auf der anderen Seite des Tunnels gehe ich zurück und lande wieder auf demselben Punkt, wo ich hineingekommen bin. 20-30.000 Menschen passieren täglich den Tunnel. Ein Beweis, wie stark der Verkehr von einer Seite der Elbe nach der anderen ist.

Jetzt kommt der Hafen dran, der schon ein alter Bekannter von mir ist. Bezaubernd überwältigend schön ist das

Bild, welches sich dem Auge bietet, die Wellen peitschen aufgeregt das Ufer. Schiffe und kleine und größere Boote bewegen sich in unheimlicher Zahl auf dem Wasser. Alles zeigt regestes Leben! Einfach überwältigend schön!
Plötzlich ziehen gegen ½ 8 Uhr furchtbare Gewitterwolken auf, es hat den Anschein, als wenn die Welt untergehen wollte, so drohend sieht der Himmel aus. Alles rennt, rettet

Oben: Kohlenarbeiter am Kai, unten: Verwaltungsgebäude im Hafen.

sich und flüchtet, auch ich nehme als Zuflucht die „Elektrische“, um in der Nähe des Marktes ein Restaurant aufzusuchen, wo ich den leiblichen Menschen bei einer Riesenportion Scholle mit Kartoffelsalat wieder gehörig auf die Beine bringe.

Königlich schmeckte es, hatte ich doch in Kiel wegen der knappen Zeit kein Mittagbrot bekommen. Gegen ½ 9 hörte das Unwetter auf, ich ging nach dem Marktplatz, wo das prächtige Rathaus steht, eine Kapelle konzertierte dort. Ich hielt mich ein Weilchen hier auf, um nachher noch ein bisschen in den Hauptstraßen Hamburgs herumzuschlendern.

Hundemüde legte ich mich gegen 11 Uhr ins Bett. Zum Entdeckungsreisen machen hatte ich keine Lust. Schon frühzeitig erwache ich am anderen Morgen in Erwartung der Dinge, die da kommen sollten. Per Droschke fahre ich nach dem großen Grasbrook, der Abfahrtstelle des Meteors, wo ich gleich nach 8 Uhr eintreffe.

Klopfenden Herzens gehe ich durch die große Empfangshalle und sehe das Schiff schön und stolz im besonders festlich geschmückten Kleide mit reichlichen Flaggenschmuck vor Anker. Wahrlich ein schöner stolzer, vertrauenerweckender Bursche. In Aussehen und Größe ungefähr der Kaiserjacht Hohenzollern sehr ähnlich, welche ich ein Tag vorher im Kieler Hafen liegen sah.

Meinen Koffer trägt ein dienstbeflissener Gepäckträger voran. Ich steige mit unbestimmten gemischten Gefühlen die Schiffstreppe hinauf. Ein Offizier steht oben an der Treppe, der die ankommenden Passagiere äußerst höflich begrüßt. Ungefähr 30 Personen waren bereits an Bord, mein Koffer wird in der Kabine Nr. 264 verstaut, die auf 15 Tage mein Aufenthalt sein soll.

Mir ist alles neu, was ich auf dem Schiff sehe, eine selbst oberflächliche Besichtigung spare ich mir aber auf, ich habe ja später noch Zeit genug dazu. Zunächst nehme ich an der Bordwand Aufstellung, in der Nähe der Treppe, damit ich die neu Ankommenden mustern kann.

Auf den Gesichtern der meisten Passagiere lese ich Spannung, Erwartung, Freude, manchmal sogar heimliche Angst und Sorge. Es kommt auch noch viel Besuch mit, die ihre Angehörigen bis aufs Schiff bringen. Es ist kurz vor 9 Uhr, die letzten Vorbereitungen an Bord werden getroffen. Alles eilt und drängt, Gepäck wird noch in großen Partien herangeschleppt.

9 Uhr! Die Dampfpeife dröhnt tief und anhaltend durchdringend, die Gepäckbrücke wird abgenommen, Passagierbrücke hochgezogen. Ein Erzittern des ganzen Schiffskörpers ist für einen Augenblick bemerkbar; die Maschinen und Schrauben setzen sich in Bewegung. Ruhig, majestätisch, gleichsam sich seiner Kraft bewusst, dreht sich das Schiff um und geht langsam vorwärts, nach Vorschrift von einem Schlepperdampfer gezogen. Es ist Sonntag früh, unzählige Menschen haben sich vor der Abfahrtstelle versammelt. Hüte, Tücher schwenken lebhaft von beiden Seiten und so manches „Glückliche Fahrt“ wird uns noch zugerufen.

Ausfahrt in die Nordsee

Der Hafen zeigt sein Sonntagskleid. Wo sonst eiliges Hasten und Treiben herrscht, ist heute tiefe Ruhe. Wir fahren bei dem herrlichsten Sommerwetter inmitten lauter vergnügter, fröhlicher Menschen an Blankenese mit seinen üppigen Buchenwäldern vorüber. Überall mehr oder weniger versteckt präsentieren sich die Villen reicher Hamburger Kaufleute. Um dem lieben Leser gleich eine Übersicht über die ganze Reiseroute zu geben, folgt nachstehend ein Reiseplan. Die roten Linien geben die Tour an, die angeführten Namen sind die Städte und Ortschaften, welche wir angelaufen sind und gesehen haben. (Anm.: vgl. die Rückseite des Buches!)

Für alle Passagiere beginnt jetzt das reichste Schlaraffenleben, was niemand ahnt, der es nicht schon von früheren Reisen her kennt. Schon um 10 Uhr wird der erste Happen nebst Bouillon von den zwei Deckstewards gereicht. Appetitlich mit allerlei hübschen Delikatessen laden sie zum Zugreifen ein, so oft man will. In ruhiger Fahrt sind wir aus dem inneren Hafen heraus, die Elbe wird sehr breit. Fast sieht es so aus, als wenn wir schon offene See hätten. Gerade wird auch das Fahrtempo schneller, der Schleppdampfer hat uns schon längst adieu gesagt.

Der Vierschrauben-Schnellpostdampfer „Imperator“,
der größte Dampfer der Welt.
279,60 m lang, 29,90 m breit, 19,20 m tief.
Etwa 50 000 Tons Raumgehalt.

Leuchttürme, Seezeichen etc. werden sichtbar, die uns Landratten daran gemahnen, dass wir bald im offenen Meere sind. Einzelne Dampfschiffe und Segelboote begegnen uns von See hereinkommend. Nach drei Stunden passieren wir Cuxhaven, und schon seit einer Stunde sehen wir weit draußen auf der Reede von Cuxhaven liegend das neueste und größte der technischen Schöpfungen, den Imperator mit seinen gewaltigen drei Riesenschornsteinen.

Näher und näher kommen wir dem gewaltigen Riesen. Unser liebenswürdiger Kapitän führt den Meteor ganz dicht am Imperator vorüber, ungefähr in 50 Meter Entfernung. Die kleinen Dampfer, die am Riesenleibe des Schiffes liegen, sehen winzig, beinahe wie Nussschalen aus. Unsere Musik, 10 Mann die wir an Bord haben, spielt beim Vorüberfahren am Imperator, auf welchem sich beinahe 1.000 Arbeiter befinden, die alle, weil Mittagspause, oben auf dem Schiffe waren. Tag und Nacht wird hier rastlos gearbeitet, um die letzten Vorbereitungen für die rechte Ausreise zu treffen, die auf den 11. Juni nach New York festgesetzt ist.

Um 1 Uhr wird zum Gabelfrühstück (Lunch) geblasen. Schon vorher hatte ich einen neugierigen flüchtigen Blick in den Speisesaal, den Rauchsalon und das Gesellschaftszimmer geworfen; was unserer beim Frühstück erwartete war ausgezeichnet hervorragend schön, und mit Riesenappetit verschwanden die im Überfluß dargereichten leckeren Speisen.

Gleich zu Beginn der Reise, bei der Abfahrt, lernte ich einen Oesterreicher Rittergutsbesitzer mit seiner Frau kennen, die meine ständigen und angenehmen Reisebegleiter für die ganze Tour wurden. Die See, die wir inzwischen in ihrer ganzen Größe und Schönheit vor uns haben, ist ruhig, glatt wie ein Spiegel. Gegen 5 Uhr kommt Helgoland in Sicht, wir fahren ganz dicht an der Insel vorüber, sodass wir alle Einzelheiten teils mit dem bloßen Auge, teils mit dem Fernglas wahrnehmen konnten. Schweigend, gewaltig, massig liegt Helgoland wie ein großer Fels im Meer. Vom Schiff aus haben wir die Insel schon lange vorher bei dem schönen klaren Wetter gesichtet.

6 Uhr! Mit Wohlbehagen krieche ich das erste Mal nach langer Zeit wieder mal in Seewasser, allerdings nur in die Badewanne. Um 7 Uhr gibt es das erste Dinner, welches über alles Lob erhaben ist.

Inzwischen hatte ich mir auch meine Kabine näher angesehen und mich mit meinem Zimmersteward bekannt gemacht. Ich hatte Außenkabine (mit Fenster nach der See) bestellt. Sie war für zwei Passagiere, aber ich hatte großes Glück und bewohnte dieselbe allein.

Der Zimmersteward fragte mich, ob ich das obere oder untere Bett wünschte. Ich entschied mich sofort für das untere, um den großen Turnübungen aus dem Wege zu gehen, die entschieden mit der Besteigung des oberen Bettes verbunden sind. So war ich frohen Mutes und guter Dinge, dass ich während der ganzen Reise die Kabine allein bewohnen konnte und die ruhige See erhöhte noch dieses Wohlbehagen gewaltig.

Bis 10 Uhr abends war ich mit meiner neuen Reisebekanntschaft auf Deck. Die Musik spielte ein Stündchen, dann waren wir noch im Gesellschaftszimmer und verschwanden so gegen Mitternacht vergnügt und unverzagt in den Federn!

Neugierig war ich, wie ich die erste Nacht in meinem Bett<u>chen</u> schlief, man kann wirklich nur Bettchen sagen, denn dieselben sind ungefähr nur halb so groß wie wir es sonst zu Lande gewöhnt sind.

Wie nicht anders zu erwarten war, schlief ich unruhig, wachte sehr früh auf, stand schon ½ 6 Uhr auf, um zu baden und danach zum I. Frühstück (Kaffee) zu gehen.

Unser Schiff

Bevor ich nun weitergehe, will ich versuchen, die Einrichtung des Schiffes zu beschreiben. Es ist 3600 Tons groß. Der Doppelschraubendampfer mit Raum für etwa 300 Passagiere entspricht den Anforderungen des reisenden Publikums im weitgehendsten Maße. Der Platz auf und im Schiffe selbst ist genau bemessen, nicht größer als es absolut notwendig ist. Mit elektrischem Licht wird nicht gespart. In jeder Kabine, in allen Gängen, kurz in allen Ecken und Winkeln, ist elektrische Beleuchtung. Speisesaal, Rauchsalon und Gesellschaftszimmer sind geradezu überschüttet mit elektrischem Licht. Selbstverständlich ist auch überall Dampfheizung und elektrische Klingelleitung. Ein besonders luftiger, geräumiger und schön ausgestatteter Speisesaal bietet Gelegenheit, dass alle Reisende (300) gleichzeitig ihre Mahlzeiten einnehmen können. Ein schöner Musik- und Gesellschaftssalon, in dem sich auch die Bibliothek befindet, sowie ein behaglicher Rauchsalon stehen zur Verfügung der Reisenden.

Reich und elegant sind die Salons und das ganze Schiff überhaupt ausgestattet, überall, wo man hintritt, sind vornehme Teppiche und mollige weiche Läufer vorhanden, auch lebendes Vieh wird für die ersten Tage mitgenommen. Friseur, Arzt, Schneider und Schuhmacher sind an Bord, auch mit Funkentelegraphie ist das Schiff ausgestattet. Die ganze Bedienung inkl. der Offiziere etc. beläuft sich auf ca. 140 Personen; ungefähr 20 Badezimmer sind vorhanden, die jedem Passagier jederzeit unentgeltlich zur Verfügung stehen.

Die Mahlzeiten liegen folgendermaßen: von früh 6 Uhr an gibts Kaffee, von 7-9 ist das 1te offizielle Frühstück, gegen 10 Uhr gibts oben auf Deck belegte Brötchen und Bouillon in beliebiger Menge, ½ 1 Uhr Gabelfrühstück (Lunch).

Nachmittags 4-5 Uhr Kaffee an Bord sowie diversen Kuchen dazu, abends 7 Uhr großes Dinner. Außer diesen Mahlzeiten gibt es aber noch ganz nach Belieben, soviel das Herz begehrt, allerlei Früchte, Äpfel, Apfelsinen, Bananen etc., also bezüglich Essen so ungefähr wie im Schlaraffenland.

In gleichmäßig ruhigem Tempo durchfurcht das Schiff die Nordsee, das Wetter ist wieder über alle Maßen schön, das Meer zeigt sein schönstes blaues Kleid mit kleinen weißen krausen Schaumköpfen geziert, gegen 9 Uhr früh bricht die Sonne durch und trägt mit ihren goldenen Strahlen noch bedeutend zur Verschönerung des ganzen Bildes bei. Von 10-11 Uhr konzertiert die Kapelle. Es verspricht der ganze Tag ausgezeichnetes Wetter, und obgleich die See sehr gnädig ist, zeigen sich doch unter Männlein und Weiblein schon die ersten - Seekranke -!

Seetag

Ein erhabener Anblick, nichts als Wasser und Himmel ringsum, so weit das Auge reicht. Gegen 4 Uhr nachmittags zeigt sich am fernen Horizont eine dicke Nebelwand. Beim Näherkommen entpuppt sich dieselbe aber als norwegische Küste, nach 24 Stunden also mal Land. Wir kommen näher heran. Wie ausgestorben liegt der Küstenstreifen vor uns. Kein lebendes Wesen ist sichtbar, kein Haus, keine Hütte. Nach längerer Zeit zeigen sich ganz vereinzelt armselige Fischerhäuser weit auseinander liegend. Frische grüne Wiesen liegen dazwischen und recht ansehnliche Bergketten ziehen sich an der Küste hin. Jetzt kommen wir ziemlich nahe an Land heran, auf ungefähr 2.000 mtr., ein Lotse fährt uns mit einem kleinen armseligen Motorboot, auf welchem die Lotsenflagge weht, entgegen, für seine Dienste wird aber gedankt, da Meteor schon von Hamburg aus einen

Lotsen hat und der 2te abds. zwischen 7-8 Uhr an Bord kommen soll. Jetzt wendet sich unser Schiff wieder mehr der See zu, nach ungefähr 2 Std. Fahrt kommt wieder Land in Sicht. Es wird lebendiger, denn während wir bis jetzt auf unserer Fahrt nur ganz vereinzelt und in weiter Ferne ein Schiff gesehen hatten, was zu einem Ereignis 1ter Ordnung gehörte, begegnen uns jetzt verschiedentlich Segelboote und kleine Dampfer. Ein Zeichen, dass wir nicht weit von einer bevölkerten Gegend sind.

Es ist 7 Uhr, der Trompeter ruft die hungrigen Seelen zur großen Abfütterung zum Dinner. Natürlich wieder erstklassig und tadellos! Nach dieser angenehm und abwechslungsreichen Arbeit (infolge der vielen Gänge) beeilt sich alles wieder auf Deck zu kommen, um ja nichts zu verpassen. Merkwürdig: die ganze Arbeit auf dem Schiff für uns Passagiere besteht aus essen, trinken und faulenzen, also im süßen Nichtstun – dolce far niente, wie der Italiener sagt. Man hat kaum Zeit, einige so dringend notwendige Ansichtskarten zu schreiben und einige Reisenotizen zu machen, wenn man sich die Zeit nicht mit Gewalt nimmt!

Aber auch das Nichtstun wird man gewöhnt, wenn man mit so herrlichen Landschaftsbildern gesättigt wird. Allerdings ist's nötig, nach dem Essen Rundtouren an Deck zu machen, damit man all die guten und vielen schönen Sachen wieder etwas verdaut.

Die Uhr ist ½ 10, es ist beinahe tageshell, da kommt ein größerer Ort in Sicht - Hangesund, ein kleines lebhaftes Städtchen, was ich hauptsächlich durch Holzhandel und Fischerei seinen Wohlstand erwirbt. Malerisch liegt das Plätzchen da, wie ein Schloss am Meer, bei klaren Himmel in der schönen Abendbeleuchtung. Kein Wölkchen ist sichtbar, die Häuser und Türme zeichnen sich scharf am Horizont ab und obgleich es bereits ½ 11 ist, ist's noch so hell, dass man bequem lesen und schreiben kann. Spät geht's zu Bett, da es so lange hell ist und ich immer noch was sehen möchte. Richtig dunkel wird es im Sommer überhaupt nicht!

In meiner Kabine liege ich noch mit offenen Augen im Bett. Die See ist mäßig bewegt, das Wasser gurgelt und braust an meinem Fenster vorüber, die Maschinen stampfen leise und wie ein Uhrwerk ganz regelmäßig. Nicht lange dauert's, dann hat mich der Schlaf bezwungen. Aber o weh, das dicke Ende kommt noch. Nachts 2 Uhr erwache ich plötzlich, es schaukelt ein bisschen. Mein Befinden ist miserabel, der Magen fängt an, sich herumzudrehen. Angstgefühl überkommt mich, ein verdächtiges böses Zeichen!

Mit einem Sprung bin ich aus dem Bette, schleunigst krieche ich in die Unaussprechlichen, schnell flitze ich in die Jacke, zum Weste anziehen nehme ich mir nicht die Zeit. Die Stiefel nur halb angezogen, den Überzieher im Arm, die Mütze in der Hand, stürme ich an den anderen Kabinen vorüber aufs Deck, denn jeden Augenblick kann die Explosion erfolgen, in Form von – Fische füttern!

Oben weht ein kalter Wind, es herrscht Totenstille an Deck, wo sonst die Fröhlichkeit nur Raum hat. Halbdämmerung umfängt mich. Von beiden Seiten erheben sich ziemlich hohe, mit Schnee bedeckte Gebirgsketten und schließen den engen Fjord ein, in welchen wir fahren.

Keine Menschenseele ist zu sehen, nur von der Kommandobrücke her schallt der langsame gleichmäßige Schritt des wachhabenden Offiziers! Dies alles macht auf mich in meinem kläglichen Zustande einen ganz eigenartigen fremden Eindruck. Mir ist, als sei ich ganz allein auf der großen Welt. Mir schwindelt, vor den Augen flimmerts. Mit aller Kraft und Energie und zusammengebissenen Zähnen stemme ich mich gegen die so gefürchtete Seekrankheit. Mit Mühe sucht mein Auge einen festen Punkt. Ich gehe auf der Bordseite spazieren, wo der Wind am frischesten weht, die Zähne klappern vor Kälte. Ich suche mir meine Reisedecke, aber auch darin fröstelt mich. Erst ganz langsam, nach und nach fühle ich eine kleine Besserung. Ich habe gesiegt, und nach einstündigen Aufenthalt an Deck verfüge ich mich wieder in meine Kabine. Das Ausziehen geht fix. Ich bin ganz durchgefroren. Hundemüde schlafe ich bald ein.

Das recht anheimelnde, weiche Trompeten-Signal weckt mich früh aus dem Schlafe, mein Befinden ist allgemein gut. Wir befinden uns im Hardanger Fjord und sehen Odde, unseren ersten Landungsplatz, weit vor uns auftauchen.
1/2 Std. später, während ich beim ersten Frühstück bin, rasselt der Anker, ich eile an Deck. Ein kleines niedliches Örtchen, frisch und schön von der Morgensonne beschienen, wie aus einer Spielschachtel gepackt, liegt vor uns, von gewaltig hohen Gebirgsketten und lachenden grünen Wiesen umgeben, eine Ansicht hiervon umstehend.

Odde

Die beiden Dampfboote werden zu Wasser gelassen, ebenso zwei große Passagierboote. Das Ausbooten beginnt, was sehr interessant ist, und nach kurzer Zeit fühlt man mal wieder Land unter den Füßen. Es ist hier gegen sonst sehr lebendig, denn unzählige kleine Karren (Stolkjären), zweirädrige kleine einspännige Wägelchen mit Kutschersitz hinten, warten auf uns, um uns nach unserem ersten Landausflugsort, dem Latefoos Wasserfall hinzubringen. Die Billette für Landtouren sind in 2 Abteilungen ausgegeben, da die ca. 200 Passagiere nicht alle mit einem Mal befördert werden können, wegen der beschränkten Anzahl Wagen, welch mit vielen Mühen und Schwierigkeiten herbeigeschafft werden, da die Bewohner örtlich ziemlich weit voneinander getrennt sind. Nur der vorzüglichen Organisation der Hamburg-Amerika-Linie ist es zu danken, wenn alles so hübsch klappt, wie es überhaupt auf der ganzen Reise gewesen ist. Ich hatte leider Nachmittagstour mit meinem Tisch vis à vis, einem Herrn Löwisohn!!, - ob der wohl Jude war - aus Breslau. Wir lassen uns beide trotzdem mit dem ersten Schub an Land bringen. Das Wetter macht mit einem Mal ein bedenkliches

Gesicht, Wolken ziehen und türmen sich auf, die Sonne scheint aber noch. Dies bestimmt mich, zu versuchen, ob ich nicht schon die Frühtour mitmachen kann, zumal meine österreichischen Freunde diese Tour haben. Dreist und gottesfürchtig, wie es so meine Art ist, klettere ich mit „Freund" Löwisohn ohne zu fragen in einen der bereitstehenden Wagen und flott läuft das kleine gelbe, etwas struppige Ponny mit uns davon, geführt von seinem Herrn, der hinter uns sitzend die Zügel führt.

Ein herrliches unvergessliches Panorama eröffnet sich unseren Blicken. Wir Frechdachse freuen uns diebisch über unseren gelungenen Streich, in vollen Zügen genießen wir die Schönheit des Lotefoostales, von beiden Seiten von hohen Gebirgsketten eingeschlossen.

Linksseits stürmt ein gewaltiger Gebirgsbach an uns vorüber. Mit unseren flinken Pferdchen kommen wir schnell vorwärts, das Tal erweitert sich, wir haben zur rechten Hand einen See und ein herrliches Gebirgspanorama. Unendliche Schneefelder breiten sich vor unseren erstaunten Augen aus und ein grandioser Gletscher mit seinem blaugrün schimmernden Eise wird sichtbar. Zur Linken fahren wir ganz

dicht an riesigen steilen Felswänden entlang, wir müssen uns sehr oft wegbiegen, sonst würden unsere Schädel ungemütliche Bekanntschaft mit der harten Felswand machen. Wer dabei den Kürzeren zieht, dürfte nicht zweifelhaft sein!

Mit unserem Wagenführer, den wir gern um Auskünfte gebeten hätten, können wir uns nicht verständigen, er versteht keine Silbe deutsch. Freund Löwisohn sitzt im leichten Sportanzug (Kniehosen ohne Weste) neben mir wie ein Salontourist und friert nach Leibeskräften! Ich habe schlauerweiße meinen Überzieher und Handschuhe mitgenommen und lache im Stillen über die frostige unglückliche Figur, die L. macht.

Ein brausender Gebirgsbach stürmt an uns vorüber und je länger wir an demselben entlang fahren, desto reißender und ungestümer wird er! Wohin das Auge schaut, überall die überwältigende Schönheit der Natur im ausgiebigsten Maße. Die Gebirgsbildungen sind gewaltig, dazwischen herrliche grünende Bergwiesen. Unzählige kleine und größere Wasserfälle bieten sich dem Auge dar, die von den unheimlich hohen steilen Felswänden herunterstürzen! Wir können uns ja kaum satt sehen an den abwechslungsreichen, wunderbaren Naturbildern. Wir merken deshalb gar nicht, dass wir bei der empfindlich kühlen Witterung recht steife Knochen

kriegen - armer Löwisohn! Na, dem schadet es weiter nichts. Sein Anzug, ich taxierte denselben für ganz neu, muß doch in die frische Luft!

Es geht jetzt bergan, wir steigen ab, um das Pferd zu schonen und um unsere Glieder wieder geschmeidig zu machen. Nach ¼-stündigen Fußmarsch klettern wir wieder auf unser Wägelchen und sind nach ca. 2-stündiger Fahrt am Ziel unserer Wünsche, dem Wasserfall. Schon lange vorher hören wir ein Donnern und Brausen, als wenn weit von uns Gewitter und Sturm tobt. Wir haben natürlich keine rechte Erklärung dafür, bis wir um einen Felsen herumkommen und die ganze Großartigkeit des Riesenwasserfalles, wie ich solchen noch nicht gesehen habe, vor unseren Augen haben.

Aus einer Höhe von 1.000 Fuß niederstürzend, sich in zwei Arme teilend, bietet der Fall einen imposanten Anblick. Es liegt etwas Wildes und Gewalttätiges in dem Ungetüm, wie er aus der großen Höhe herniederstürzt, die ganze Gegend befeuchtend durch den Wasserstaub. Bewundernd stehe ich vor diesem gewaltigen Naturschauspiel. Wie klein und schwach fühlt sich der Mensch demgegenüber! Ich muß mich losreißen von dem schönen Bilde, die Zeit ruft, der Wagen wartet, um 12-1 Uhr wollen wir wieder an Bord sein, um das schöne Lunch nicht zu verpassen. Auf demselben Wege geht's zurück nach Odde.

Die Dampfboote liegen bereit, um uns wieder an Bord zu bringen, was fast allen Passagieren riesiges Vergnügen macht, namentlich dann, wenn das Wasser unruhig ist und das Ein- und Aussteigen im Boot erschwert ist. Das Boot tanzt dann auf den Wellen, dass es eine wahre Freude ist.

Ich bin verdammt müde, aber 1 Std. Schlaf bringen mich wieder auf die Beine. Am Nachmittag gehe ich mit Löwisohn und Familie Goldmann wieder an Land, um die nächste

I. Frühstück.

Sonntag, den 8. Juni 1913

FRUCHT Apfelsinen, Bananen

EINGEMACHTES Apfelsinen-Marmelade, Fruchtmus, Honig, Gedünstete Pflaumen

GETRÄNKE Kaffee, Coffeïnfreier Kaffee H.A.G., Tee, Kakao, Schokolade

BROT Weiß-, Roggen- und Schwarzbrot, Semmeln, Verschiedenes Gebäck

MILCHSPEISEN Apfelreis mit Zimmet, Hafergrütze

PFANNKUCHEN Apfelpfannkuchen, Pfannkuchen

EIERSPEISEN Gekochte, Rühr- oder Spiegeleier, Rühreier mit Schinken, Eier nach Talleyrand

Eierkuchen: Einfach, mit Parmesankäse, mit Tomaten mit Schinken

FISCHE Gebackene Scholle

FLEISCHSPEISEN Rumpsteak mit Meerrettich, Grenadin- von Kalb, Wiener Kotelett, Frankfurter Wurst, Tartar-steak

KARTOFFELN Gekochte und Bratkartoffeln

KALTER AUFSCHNITT Verschiedene Wurstsorten, Kalter Braten, Westfälischer und gekochter Schinken

KÄSE Schweizer Käse, Holländer Käse

Umgebung kennen zu lernen. Es hat inzwischen 2 Std. geregnet und ich bin deshalb froh, dass ich die Frühtour schon weg habe - bei schönem Wetter. Es geht jetzt stark bergan, das tut unseren faulen Knochen gut. Wir haben eine prächtige Aussicht über Odde und den Fjord. Unser stolzer Meteor liegt so sicher und selbstbewusst vor Anker.

Zur rechten Zeit, wie es gut erzogenen Menschen zukommt, sind wir zum Dinner wieder an Bord. Als wir nach demselben an Deck kommen, ist das Hinterdeck hübsch geschmackvoll mit Fahnen und Guirlanden zum Tanz geschmückt, die Musik spielt lustige Tänze und jeder, der Neigung hat, kann soviel er mag, sein Tanzbein schwingen. Ich war natürlich auch dabei! Den Abend beschließen wir bei Pilsner und Appetitshäppchen (Sandwichs genannt).

Seit 7 Uhr fahren wir bereits wieder, ohne die Abfahrt überhaupt bemerkt zu haben. Wir waren beim Dinner, es wird eben alles Gewohnheit. Wie gewöhnlich wird es wieder Mitternacht, ehe ich die Federn aufsuche. Den schönsten Schlaf habe ich in dieser Nacht. Als ich morgens durch das Trompeten-Signal erwache, schaut die liebe Sonne vergnügt durch mein Fenster, wir haben unsere 2te Station Bergen erreicht. Mein erster Blick beim Aufstehen geht durch das Fenster, um flüchtig die neue Umgebung zu prüfen. Schnell kleide ich mich an, um das I. Frühstück zu haben, denn ich habe anständigen Hunger und lege demgemäß auch gehörig vor, bis nichts mehr rein will, haben wir doch heute eine große Überlandstour für den ganzen Tag vor - Bergen, Voßwangen, Stahlheim, Gudvangen. Alles, was auf der Speisekarte steht, kann man essen, wenn der Magen dazu imstande ist, was ich sehr bezweifle.

Die Boote verkehren bereits fleißig zwischen Schiff und Land. Auch wir lassen uns ausbooten und schlendern im gemächlichen Tempo durch die Straßen dem Bahnhof zu. Nichts entgeht unserem scharfen Auge, wir sind ziemlich gründlich! Ein prachtvoller neuer Sandsteinbau tritt uns entgegen, wuchtig, gewaltig, äußerst wirkungsvoll, trotzdem einfach. Es ist das neuerbaute Theater. Auch der Bahnhof, den wir jetzt erreichen, ist neu. Noch nicht mal ganz fertig, zeigt er dieselbe Baurichtung und wirkt schön!

Eine volle Stunde bleibt uns noch bis zur Abfahrt. Ein Extrazug steht für uns schon jetzt bereit, wir belegen Plätze für uns II. Güte und finden auch glücklich noch ein Coupee, welches wir 4 für uns in Anspruch nehmen. Ungezügelter Wissensdrang treibt uns nochmals in die Stadt, der Fischmarkt ist unser erstes Ziel, der viel Leben zeigt. Hier sieht man einen Teil der Schätze, die das nordische Meer birgt. Eigenartig gestaltete Fische, die wir gar nicht kennen, sind in Massen da. Prachtvolle Exemplare von Riesenhummer präsentieren sich dem Auge, sodass man ohne weiteres Appetit kriegt. Auch die Figuren der Fischer und Fischerinnen, die ihre Waren feilbieten, sind äußerst interessant!

Aber die Uhr ist unser Herr. Wir drängen weiter, wieder in der Richtung nach dem Bahnhofe, erreichen denselben auch rechtzeitig und klettern froher Erwartung in unser Abteil. Pünktlich 8.54 Uhr früh geht es los. Die ganze 3-stündige Bahnfahrt ist hochinteressant, die sich uns bietenden Naturschönheiten sind von überraschender Großartigkeit, stets abwechselnde Bilder lösen einander ab, die in ihren Gebirgsszenerien lebhaft an die italienischen Alpen erinnern. Wir passieren während der Fahrt 53 kürzere und längere Tunnels (für Hochzeitreisende ganz besonders zu empfehlen), mindestens 1 Stunde fahren wir hart am Ufer eines Fjordes entlang, wobei sich köstliche Ausblicke zeigen.

Die Eindrücke dieser schönen Fahrt in Worte zu fassen ist kaum möglich. Im Handumdrehen war die Zeit vergangen und kurz vor 12 fuhr der Zug im Bahnhof Voßwangen ein, unserem Ziel.

Voßwangen

Wenige von den Passagieren sind an Bord geblieben, ein dicker Menschenknäuel entströmt dem Zuge und alles schiebt sich lachend, schwatzend und guter Dinge vorwärts, unserem dicht am Bahnhof gelegenen Hotel zu, wo wir zu Mittag abgefüttert werden sollen.

Ein entzückendes Panorama breitet sich vor unseren Augen aus, das schönste Alpenbild genießen wir hier im hohen Norden, ich bin ganz futsch, gefesselt, hingerissen und kann mich nicht satt sehen, deshalb bin ich auch einer der letzten im Speisesaal. Unter Schwierigkeiten erobere ich mir noch einen Platz. Hungrig wie die Wölfe fällt alles über die gebotenen Speisen her, die durch schmucke, flinke Kellnerinnen in nordischer Nationaltracht uns gereicht werden. An unsere leckeren Schiffsspeisen kommt ja das hier Gebotene lange nicht heran, wir haben eben alle ziemlich verwöhnte Mäuler. Aber Hunger ist der beste Koch! Wir werden alle satt.

Die jetzt beginnende Wagenfahrt wollen wir vier möglichst zusammen machen, ich halte Ausschau nach einem 4-sitzigen Landauer und finde solchen auch; schnell belege ich denselben und ebenso schnell sind unsere Schirme, Mäntel etc. darin verstaut und hurtig lässt unser Kutscher die Pferdchen lostraben. Zunächst passieren wir Voßwangen selbst, einen kleinen armseligen Ort, wo gerade Schützenfest ist, wovon ganze 3 Buden zeugen, die breitspurig aufgebaut sind.

Neugierig stehen Frauen und Kinder auf der Straße und an den Haustüren und schauen uns mit freundlichen Blicken an, wir sind ihnen willkommene Besucher, bringen wir doch Geld unter die Leute, durch die Wagenfahrten u.s.w.

Die Bevölkerung macht einen ärmlichen, kümmerlichen Eindruck. Das Volk ist anspruchslos, aber das Land ist ja auch arm. Die Fahrt, welche wir vor uns haben, ist lang, aber auch unvergesslich und hochinteressant. Man ist mit-

tendrin im norwegischen Lande, hohe Berge ringsum wechseln mit engen und weiten Tälern, reißenden Gebirgsbächen und hohen mächtigen Wasserfällen und Schneefeldern miteinander ab. Lachende grüne und saftige Wiesen mit kleinen dazwischen lagernden Ackerstücken und ganz vereinzelten Holz- oder Steinhäusern bieten sich dem Auge, man sieht kaum eine Menschenseele. Und wie traurig die Wohnungen beschaffen sind, zeigt wohl am besten das nebenstehende Bild.

Die einzelnen Häuser liegen oft stundenweit auseinander, fast wie ausgestorben kommt einem die ganze Gegend vor. Selten taucht auch mal eine kümmerliche abgemagerte Ziegenherde auf, ja hin und wieder mal einige kleine recht abgemagerte Kühe. Wir passieren soeben wieder ein armseliges Bauernhaus. Hier sitzen Kinderchen, die dicht an den Fahrerweg mit Feldblumensträußchen herankommen. Sie staunen uns mit ihren großen Kinderaugen an, winken allerliebst mit ihren dreckigen Händchen und werfen uns Blumen in den Wagen, um dafür ein paar Kupfermünzen in Empfang zu nehmen.

Es ist 4 Uhr, die Hälfte des Weges haben wir hinter uns, das kleine Dorf Vinje, mit seinen 6/8 Häusern ist erreicht, wir haben barbarischen Kaffeedurst und machen erst mal Station. Alpenlandschaft im wahrsten Sinne des Wortes umringt uns, das Hotel liegt an einem großen See, der ringsum von hohen Bergen mit ihren Schneefeldern eingeschlossen ist.

Die Engländer sind hier zu Hause, wie überall, wo es wirklich schön ist. Das Wetter ist so, wie es schöner überhaupt nicht sein kann. Die Luft ist mild, wie an der Rivera, sodass also alle Bedingungen für die lange Wagenfahrt gegeben sind. Ich kann mir tatsächlich die Riviera landschaftlich und klimatisch nicht schöner vorstellen, wie es hier ist, nur die Palmen und die üppige Blumenpracht fehlen. Lange Zeit zum Kaffeetrinken gibts nicht, wir müssen weiter, gehen zunächst ein Stück Wegs zu Fuß und lassen unseren Wagen nachkommen. Die landschaftlichen Schönheiten bieten ungefähr in reichstem Maße dasselbe wie bisher. Gegen 6 Uhr sehen wir in der Ferne hoch oben im Gebirge ein großes Hotel, von welchem uns die deutsche Flagge grüßt. Es ist Stalheim, wo wir zu Abend essen sollen und die Pferde gewechselt werden. Je näher wir an Stalheim herankommen, desto größer, gewaltiger und wilder wird das Gebirge.

Stalheim

Wir sind am Ziel, übergeben unserem Kutscher das nötige Billet für die Wagentour und das noch viel wichtigere Trinkgeld und halten in erster Linie Umschau von der großen Terrasse des Hotels. Der Eindruck ist ein gewaltiger, hinreißender, überwältigender. So lieblich Neapel mit seinem Golf und sonstiger Umgebung ist, so riesenhaft gewaltig schön ist das wilde Gebirgsbild vor mir. Kaum die Zeit zum Essen nahm ich mir, eilig geht's sofort wieder hinaus in die herrliche Natur, die trotzdem es schon 8 Uhr ist, noch von den Sonnenstrahlen überschüttet wird. Ganz in der Nähe des Hotels befindet sich ein Aussichtspunkt „Kaiser-Wilhelm-Blick", von welchem auch die deutsche Fahne munter im Winde flattert. Dieser Punkt muss natürlich besichtigt werden, schon aus Liebe zum Vaterlande. Eine schwache Wiedergabe vom Narötal, was ich eben beschrieb, beifolgend.

Es ist ½ 9. Die Sonne, die soeben noch die Bergspitzen und Schneefelder mit ihrem Glanz überschüttete, ist verschwunden, es wird zum Aufbruch geblasen. Zunächst geht es erst ca. 25 Min. steil bergab zu Fuß, denn es ist nicht möglich im Wagen zu sitzen. Wir vernehmen ein Brausen und Tosen zur rechten und sehen bei einer scharfen Kurve eine riesigen Wasserfall in die Tiefe stürzen. Auch zur linken tritt nach einige Minuten das gleich schöne Bild wie durch Zauberschlag hervor. Überwältigend schön ist's inmitten dieser unsagbar herrlichen Szenerie. Mit ungeheurer Kraft rasend, schießt die üppige Wassermasse schwerfällig ins Tal herunter. Man fühlt, wie klein und unscheinbar der Mensch gegen solche Naturgewalten ist. Mir ist's sofort klar, dies ist der Höhepunkt alles Schönen, die Perle, der Glanzpunkt unserer Reise. Andere sagen mir zwar, es gibt noch schönere

Punkte, die wir zu sehen bekommen. Allein „die frohe Botschaft hör ich wohl, jedoch mir fehlt der Glaube“.

Ich hatte mit diesem Urteil das Richtige getroffen, denn was wir später noch zu sehen bekommen, war auch sehr schön, reichte aber auch nach Urteil meiner Reisegefährten nicht an das Narötal, an Stalheim, heran.

Kaiser Wilhelm kommt auf seinen häufigen Nordlandreisen jedes Mal hierher, gewiß auch ein sicherer Beweis der Schönheit dieser Gegend. Unten im Tale angelangt, besteigen wir unsern Wagen, und im schnellsten Trabe, dass es einem auf dem kleinen Karren ordentlich Angst wird, gehts nach Gudvangen, unserem heutigen Endziel, was in ungefähr einer Stunde erreicht wird. Wie solche Wagenfahrt aussieht, zeigt am schönsten das umseitige Bild (S. 73).

Gudvangen

Unser Meteor ist inzwischen von Bergen nach Gudvangen gefahren und liegt bereits dort vor Anker, als wir mit unserem Wagen ankommen. Obgleich es schon reichlich 10 Uhr ist, ist's noch heller Tag, und dieser Umstand lässt uns die späte Abendstunde nicht erkennen und täuscht oft. Meteor nimmt uns wieder unter seine molligen weichen Fittiche. Wir nehmen eine gründliche Reinigung des äußeren Menschen vor. So schnell als möglich geschieht aber diese Arbeit. Rasch bin ich wieder an Deck, um die kurze Zeit bis zum Schlafengehen noch zu genießen.

Es liegt matte Dämmerung über dem Fjord und die Gebirgspartien ringsum. Ein leichter mattblauer Dunst schmiegt sich wie ein Schleier um die ganze Szenerie. Wie ein Zaubermärchen kommt mir die Umgebung vor. Totenstille herrscht, ich träume mit offenen Augen, ganz versunken bin ich in eine andere Welt. Willenlos lasse ich

das Zauberhafte auf mich einwirken. Wahrlich! Wer einen so schönen Abend nicht selbst miterlebt hat, glaubt es nicht und kann nicht mitfühlen mit meinen Empfindungen; eine schwache Wiedergabe folgt im Bild.

Mit dem sicheren Gefühl, den herrlichsten Tag in meinem Leben hinter mir zu haben, gehe ich um Mitternacht schlafen. Es ist beinahe zuviel des Schönen, was ich heute sehen durfte. Ein köstlicher tiefer Schlaf umfängt mich schnell, als ich eben im Bett bin.

Die liebe Sonne weckt mich am anderen Morgen früh 8 Uhr, ich habe Zeit. Für uns ist heute Vormittag Ruhetag, da der Rest der Passagiere, die nicht die große Überlandtour mitgemacht hat, von Gudvangen nach Stalheim und zurückfährt. Behaglich strecke ich mich noch ein Weilchen in meiner Koje, soweit der Platz es erlaubt, dann aber treibt mich der Hunger in den Speisesaal. Gegen ½ 10 Uhr bin ich reisefertig zum Ausbooten an Land, und erst jetzt habe ich Gelegenheit, mir Gudvangen mit seinen ca. 15 Häusern etwas näher anzuschauen.

Das Wetter ist wieder prächtig, es ist warm aber nicht heiß, wir gehen ziel- und planlos an Land spazieren, lassen uns auch verschiedene Male gern von unserem netten Photographen knipsen!

Das erste Mal nun haben wir Gelegenheit, mit einem Herrn Jugend aus Bremen nebst Fräulein Tochter nähere Bekanntschaft zu machen.

Schon lange haben wir „Frl. Tochter", das 4-blättrige Kleeblatt, im Stillen bewundert, die als Schönheit und äußerst interessant auf dem Schiffe bekannt ist.

Die Abfahrt von Gudvangen war auf 12 Uhr festgesetzt, kurz vorher waren wir wieder an Bord und während wir das delikate II. Frühstück (Lunch od. Gabelfrühstück) verschlingen, werden die Anker gelichtet. Es geht unserem neuen Ziele Balholmen entgegen.

Zunächst noch eine kurze Bemerkung über Gudvangen: es ist eine aus wenigen Häusern bestehende Niederlassung am Naröfjord. Auch dieser Fjord zählt zu jenen Bildungen, die allen Versuchen spotten, sie durch die bloße Schilderung der Vorstellung des Lesers nahe zu bringen. Denn die Seele dieses - durch die Gewalt der Meereswellen in die schroff ins Wasser abfallenden Berge hineingewühlten - Wasserlaufes ist die Stimmung, die mit der Stunde und der Beleuchtung und dem Wasserreichtum der aus steiler Höhe kaskadenartig niederstürzenden Wasserfälle wechselt. Wieder haben wir eine unbeschreiblich schöne Fahrt, das Wetter ist erstklassig, die Riesenfelsen treten oft recht eng von beiden Ufern an uns heran. Bei jeder Bewegung, die wir beinahe alle 5 Minuten machen, scheint es, als wenn sich die hohen Berge von beiden Seiten wie Kulissen ineinander schieben. Diese Täuschung wird durch die Fahrgeschwindigkeit des Schiffes bewirkt.

Hamburg-Amerika Linie

An Bord des „Meteor"

Dienstag, den 10. Juni 1913

GABELFRÜHSTÜCK	LUNCH
Sellerie-Suppe Kraftbrühe in Tassen	Cream of Celery Cup Consomme
Omelette mit Nieren	Omelet with Kidneys
Gedämpfter Rinderbraten Kartoffelklösse Teltower Rüben Aprikosenkompott	Beef à la Mode Potato Dumplings Teltow Turnips Stewed Apricots
Berliner Pfannkuchen Weinschaumsauce	Doughnuts Sauce Chaudeau
Auf Wunsch	**To order:**
Paprika-Schnitzel	Veal Steak, Paprika Sauce
Schweinsrippe in Gallerte Bratkartoffeln	Ribs of Pork in Aspic Fried Potatoes
Kaltes Buffet:	**Cold Dishes:**
Jägersalat Kartoffelsalat Gemüsesalat auf Gärtnerin-Art	Salad à la Chasseur Potato Salad Vegetable Salad à la Jardinière
Westfälischer und gekochter Schinken Mettwurst Diverse frische Wurst Cornedbeef	Westphalian Ham Boiled Ham Bologna Sausage Several Kinds of fresh Sausage Corned Beef
Geräucherter Lachs Sardinen in Tomatensauce Bismarck-Heringe	Smoked Salmon Sardines in Tomato Sauce Bismarck Herrings
Edamer und Rahm-Käse	Edam Cheese Cream Cheese

Die Sonnenstrahlen zaubern die herrlichsten Farbenbilder und spiegeln sich in dem Wasser und den vielen Wasserfällen mit sichtlichem Wohlbehagen.

Um ½ 3 kommt Balholmen in Sicht, links vom Schiff zeigt sich eine Landzunge, auf welcher ein riesiges Holzgerüst sichtbar wird. Hier wird demnächst von unserem Kaiser das Friedjof Denkmal enthüllt, denn der Sage nach soll hier Friedjofs Hof gestanden haben.

Beim Näherkommen an Balholmen sehen wir, dass die Bewohner uns mit Flaggenschmuck festlich empfangen. Deutsche und norwegische Fahnen flattern luftig im Winde und begrüßen uns. So etwas heimelt an und tut wohl im Auslande!

Balholmen

Balholmen macht vom Schiff aus einen äußerst günstigen Eindruck. Die Ankerketten rasseln, es ist 3 Uhr. Flink wird alles ausgebootet, ist doch der Aufenthalt hier nur auf ca. 3 Std. berechnet.

Der Ort macht einen vorzüglichen Eindruck, von allen Seiten von Gebirge und Schneefeldern umgeben. Es ist ein im Entstehen begriffener Erholungs- und Kurort, der unbedingt in seiner auserwählt schönen Lage eine große Zukunft hat. Zwei deutsche (Anm.: norwegische!) Maler Dahl und Normann haben hier ihr Heim aufgeschlagen, zwei reizende Villen, die jedem Besucher Balholmens unbedingt auffallen.

Nach Herzenslust strolchen wir herum, ½ 6 sollen wir schon wieder auf dem Schiff sein. Prächtige Gärten umgeben uns rings überall. Wohin man sieht, blüht, grünt und knospet es. Hier sehe ich noch einmal die Baumblüte in ihrer vollen Pracht, die in unserer Heimat schon vorüber war.

Die Dampfpfeife dröhnt und ruft uns zurück. Wehmütig gestimmt lassen wir uns ausbooten, aber bei der Abfahrt springt mir das Herz wieder vor Freude, denn feierlich grüßen uns die Fahnen durch auf- und niedergehen „gute Fahrt" zu. Tücher schwenken lebhaft hinüber und herüber, dazu spielt die Musik an Bord zum Abschied! Ganz warm und weich wird es mir dabei.

Die Nacht geht weiter, wieder dieselben abwechslungsreichen Szenerien bei dem famosen Sonnenwetter. Wieder hüllt wie am Tage vorher ein matter blonder durchsichtiger Schleier, nachdem die Sonne weg ist, die ganze Umgebung ein und wieder, wie am Tage zuvor, stehe ich bewundernd, versunken da und kann mich nicht von dem Bilde trennen. Es ist einfach zu schön, zu erhaben, die Stimmung zu beschreiben, welche mich umfängt. Worte und Schilderungen sind dazu viel zu schwach. Erst Mitternacht, wie gewöhnlich, geht's ins Bett. Das Schiff fährt die ganze Nacht hindurch, und als ich am anderen Morgen erwache und aus meinem Fenster im tiefsten Negligen schaue, ist Alesund in Sicht. Schnell geht's ins Zeug und an Deck, um bei Anlegen des Schiffes zuzuschauen, denn diesmal soll nicht ausgebootet werden, sondern Meteor legt ganz dicht am Quai an.

Alesund

Auf den ersten Blick sehe ich, dass Alesund ein reger Handelsplatz ist, die vorhandenen Schuppen und Lagergüter geben Zeugnis dafür. Die fast durchweg modern gebauten Häuser aus Sandstein anstatt wie sonst überall aus Holz mahnen uns an die furchtbare Feuersbrunst des Jahres 1904, wo fast die ganze Stadt völlig zerstört wurde. Damals leiteten Kaiser Wilhelm, die Hamburg-Amerika-Linie sowie der

Norddeutsche Loyd sofort eine Hilfsaktion ein, welche den Bewohnern über die erste äußerste Not hinweghalf. Nach der Feuersbrunst ist, wie gesagt, Alesund neu erstanden und eine wohlhabende rege kleine Handelsstadt geworden.

In lichten leuchtenden Farben, aufgebaut auf dunklem Gestein, inmitten eines weiten Wasserbeckens, aus dem in weit auseinander liegenden Abständen dunkle Felstrümmer aufragen, bietet Alesund einen herrlichen Anblick. Wenn man das Glück hat, Sonnenglanz über die Landschaft gebreitet zu sehen, wie es bei unserem kurzen Aufenthalt der Fall war, erinnert die Fülle der Farben vor uns direkt an die Pracht der südlichen Meere.

Da die Weiterfahrt auf Mittag angesetzt ist, ersteigen wir nach Durchwanderung der Stadt den ziemlich hochgelegenen Aussichtspunkt, wovon man einen wundervollen Rundblick über die Stadt hat. Bis Mittag ist das Wetter schön, dann bezieht sich der Himmel und zur Veränderung regnet es mal ein Stündchen.

Auf Regen folgt ja stets wieder Sonnenschein und als für uns die Abfahrtsstunde schlägt, zeigt der Himmel wieder sein heiterstes Gesicht. Ganz vorsichtig und langsam schiebt sich der Meteor vom Ufer ab, um an Alesund entlang seinem neuen Ziele Molde zuzustreben.

Eine ganze Menge Menschen haben sich am Quai versammelt, um der Abfahrt zuzusehen. Schweigend, fast ohne Bewegung, wie eine Mauer, stehen die Menschen da. Erst durch lebhaftes Winken von unserer Seite kommt Leben in die Massen. Sie erwidern erst zögernd, dann lebhafter unsere gutgemeinten Abschiedsgrüße.

Unsere Musik spielt wieder, und beinahe dasselbe Bild wie vor Balholmen wiederholt sich. Flaggen grüßen durch Auf- und Niedergehen an den Masten, aus mancher Dachluke winken Klein und Groß. Ein Witzbold, dem es wohl gerade an dem nötigen Instrument zum Winken fehlte, nimmt als Ersatz zum Ergötzen der Passagiere eine – Hose! Er will eben in seinen Gefühlsäußerungen den anderen gegenüber nicht zurückstehen!

Molde

Nach 3-stündiger Fahrt ist Molde erreicht, reizend gelegen im Grün versteckt. Molde liegt auf einer kleinen Insel, hat ca. 2.000 Einwohner und ist der Sammelpunkt der Engländer. Und das sagt alles. Wo die hingehen, da kann man getrost folgen, ohne erst zu fragen.

Wir werden ausgebootet und haben wenige Stunden Zeit zur näheren Besichtigung. Hier sah ich ein originelles, bei uns schon längst ausgestorbenes Bild auf der Straße: ein Leierkastenmann, zu dessen Musik (??) ein Mädchen von 20-25 Jahren den nötigen Gesang lieferte. Ein Bild, das mich an meine frühere Kindheit erinnerte. Durch Anlagen und Straßen klettern wir auf einen Aussichtspunkt, der sehr lohnend ist; die Aussicht von hier ist entzückend, man kann das ganze Gebirge mit seinen Schneefeldern in weiter Entfernung sehen, ganz derselbe Gebirgscharakter wie die Schweiz. Auch eine beinahe verfallene norwegische Hütte besuchen wir, wo ein altes Mütterchen haust und uns geschäftig die Bedeutung des vorhandenen Inventars auf norwegisch klar machen will, was ihr aber nicht gelingt!

Leider wieder viel zu früh mussten wir an Bord, es fing jetzt tüchtig an zu regnen, womit es schon lange gedroht hatte. Uns selbst störte es ja nicht, waren wir doch am geschützten Deck bei angenehmer Unterhaltung. Inzwischen ist es 11 Uhr abends geworden, aber noch heller Tag, der Regen hört auf, Boote umschwärmen unseren Meteor, was begreiflich ist, denn wir zählen ja zum seltenen Besuch. Leichte Dämmerung tritt nach und nach ein, über der ganzen Umgebung und dem ringsum liegenden Gebirge schwebt wieder der so feenhaft schöne bläuliche Schleier; erst nach Mitternacht gehe ich zur Ruhe, aber schon früh

6 Uhr weckt mich die liebe Sonne, unsere so treue Begleiterin, wieder auf und lockt verheißungsvoll aufs Deck!

Romsdal

Noch in der Nacht sind wir abgefahren und befinden uns früh 8 Uhr vor Naes. Es geht sofort ans Ausbooten, denn drüben am Ufer warten schon wieder unzählige Gespanne auf uns, um uns durchs Romsdal nach Horchheim zu bringen. Die Wagenfahrt durchs Romsdal ist weniger interessant, als man in Reisebeschreibungen liest. Es sind 14 Kilometer, die 1. Hälfte bis zur Brücke ist hochromantisch, dann aber wird es ziemlich eintönig. Von beiden Seiten umschließen uns dicht ziemlich hohe, düstere, steilabfallende Felswände (bis 1.800 Meter hoch), die sogen. Hexenzinnen, ein scharfspitziges Gebirge rechts, andere Gebirgsketten links. Endlich ist Horchheim erreicht, wo ein kleiner Spaziergang gemacht wird. Denselben Weg geht es nach kurzem Aufenthalt wieder zurück, und zu Mittag gegen 1 Uhr sind wir zum Lunch

wieder an Bord. Das Romsdal im Mondenschein zeigt umseitiges Bild, ich glaube, dass bei Mondenschein die Landschaft entschieden sich noch wirkungs- und stimmungsvoller präsentiert als bei Tageslicht.

Nachmittag 4 Uhr dampfen wir weiter, es geht unserem nördlichsten Ziele Drontheim entgegen. Die Fahrt von hier durch die Fjorde gehört mit zu den Glanznummern unserer Reise. Die Ufer treten ganz nahe heran: Alpenbilder von großartiger Anmut, die Heiterkeit in die empfängliche Seele ergießen und mit großzügigen Hintergrundbildern wechseln.

Beim Abendessen hat sich der Himmel bezogen, ein Gewitter zieht herauf, es blitzt und donnert nach Herzenslust um uns herum! Wir sind inzwischen wieder etwas auf See herausgekommen, die unruhig ist und schnell fordert der Meeresgott seine Opfer. Man sieht es allen Leuten an der Nasenspitze an, welche von der Seekrankheit erfasst sind.

Ich selbst halte die Ohren steif und will mich nicht unterkriegen lassen. So ganz wohl ist mir zwar nicht zu Mute,

aber ich komme doch glücklich darüber hinweg. Ein gemütlicher Schoppen beschließt wie üblich den Abend, es wird natürlich wieder Mitternacht, und als ich früh erwache, muß ich beim Ausguck aus meinem Fenster konstatieren, dass wir schon in Drontheim vor Anker liegen.

Drontheim

Es ist Sonntag früh, das merkt man aber kaum, da für uns ja während der Reise alle Tage Sonntag ist. Der ganze Tag steht uns für Drontheim zur Verfügung. In zwei Gruppen werden wieder Wagenfahrten gemacht, und obgleich ich zur Gruppe II gehöre, bringe ich es doch wieder fertig, schon mit der I. Gruppe wegzukommen, mit Familie Goldmann. Löwisohn haben wir inzwischen abgeschüttelt.
Drontheim, eine Stadt von ca. 40.000 Einwohnern, macht den Eindruck eines Spießbürgernestes. Fast überall sind die Wohnhäuser aus Holz erbaut, es ist deshalb auch schon oft niedergebrannt. Der schönste bauliche Schmuck, den Drontheim besitzt, ist der in Bau befindliche Dom, der ganz aus Sandstein gebaut wird. Der größte Teil, die Hauptkirche, ist fertig, ca. 1/3 fehlt noch. Auch zu diesem Bau hat Kaiser Wilhelm 100.000 Mk gestiftet.

Die Bucht, in der Drontheim liegt, macht den Eindruck eines Landsees. Ca. 1.000 Meter vom Lande ab ragt ein schwach begrünter, mit starken festungsartigen Gemäuer eingefasster Felsblock aus dem Wasser, die Insel Mulkholmen, wo in früheren Zeiten unbequeme Adelige und auch Bürgerliche, teils schuldig, teils unschuldig, in grausamster Gefangenschaft unter den grässlichsten Folterwerkzeugen eingekerkert wurden. - Parole ist heute per Wagen nach den Wasserfällen. Die Fahrt geht durch die Stadt. Allerlei neue Eindrücke gewinnen wir, die wir gierig und mit Interesse aufnehmen. Sobald wir das Stadtbild hinter uns haben, geht es bergan zwischen saftigen Wiesen und üppigen Feldern.

Die Häuser von Drontheim sehen wir jetzt tief unter uns und immer noch müssen uns unsere kleinen Ponnys bergan ziehen. Endlich kommt ebener Weg und nach kurzer Zeit haben wir den ersten Wasserfall erreicht - ein künstliches Mauerwerk von gewaltigen Dimensionen; einen weiteren Wasserfall erreichen wir nach ca. 20 Min. Fußwanderung, die unserem inneren und äußeren Menschen außerordentlich wohltuen.

Beide Wasserfälle sind gewaltig, ungestüm und wirken überwältigend. Die schweren riesigen Wassermengen stürzen mit donnerndem Getöse in die Tiefe. Es schäumt und brodelt wie in einem Hexenkessel, und durch die Sonnenstrahlen werden die herrlichsten Regenbogenfarben hervorgezaubert. Hier, an diesen Fällen, sind zwei riesige elektrische Anlagen erbaut, die Drontheim mit elektrischem Licht und elektrischer Kraft versorgen; beigef. Abbildung ist nur eine schwache Wiedergabe der Wirklichkeit. Es werden hier wieder mal photographische Aufnahmen von unserem Schiffsphotographen gemacht, ganz nach Wunsch ohne Zwang zum Kauf. Nachdem wir uns satt gesehen haben, geht es wieder nach Drontheim zurück.

Wir lassen uns noch nach dem Dom fahren. Unser Kutscher will auf uns warten, damit wir nicht zu Fuß nach der Landungsbrücke gehen brauchen. Ernst und feierlich gestimmt treten wir in den Dom ein. Es herrscht halbdunkel und ein bläulich matter Schein dringt durch die hohen,

ziemlich verdeckten Fenster. Durch eine Seitentür kommen wir in das Innere der Kirche. Es ist gerade Gottesdienst, ein Kirchdiener will uns zurückhalten. Wir sind aber schwerhörig und drängen uns doch hinein. Die Andacht ist gut besucht (besser als bei uns), der Pastor im Silberhaar fällt mir durch sein schönes klares Organ auf. Die Orgel fängt an zu spielen, und wenn ich auch sonst kein fleißiger Kirchengänger bin, so erfasst mich doch mit aller Gewalt eine hohe feierliche Stimmung! Voll Andacht verweile ich mit meinen Reisegefährten eine kurze Zeit hier. Als wir dem Gotteshause den Rücken kehren, durchqueren wir noch den dicht am Dom liegenden Friedhof, suchen auch noch das altertümliche frühere erzbischöfliche Palais auf, was nicht mehr bewohnt ist und jetzt als Arsenal dient und lassen uns dann an den Quai fahren, um an Bord zum Mittagessen zu sein (II. Frühstück).

Ich entwickele wie immer einen vorzüglichen Appetit, das Wetter ist schön (reichlich warm allerdings), so dass wir uns bald wieder an Land setzen lassen.

In der Nähe des Marktes ist Promenaden-Konzert. Wir bummeln gemütlich zwischen der Drontheimer Jugend herum und genießen in vollen Zügen. Vergnügt wandern wir wieder durch Straßen und Gassen der Stadt; ein junger 16/18jähriger Gymnasiast führt uns auf unsere Bitte nach dem Landesmuseum, wo wir trotzdem es offiziell geschlossen war (weil Sonntagnachmittag) noch Einlass bekommen. Danach durchstreifen wir wieder Straßen, Gassen und Gässchen, besichtigen mit der uns eigenen Gründlichkeit alles, was uns von Interesse scheint und sind dann gegen 5 Uhr, also noch zur Kaffeezeit, wieder an Bord und stillen unseren fürchterlichen Durst durch diverse Tassen Kaffee mit Kuchen.

Gegen ½ 6 werden die letzten Passagiere an Bord genommen, die Dampfboote hochgewunden, Anker gelichtet und heidi geht's weiter. Leider schon wieder rückwärts nach Merok. Ein schöner abwechslungsreicher sonniger Tag liegt hinter uns!

Das schöne Wetter ist unser ständiger Begleiter. Daheim fühlt man es nicht so, wenn schönes oder schlechtes Wetter ist, aber da draußen in der Welt, wenn man auf Vergnügungsreisen ist, macht sich etwaiges schlechtes Wetter sehr unangenehm bemerkbar. Es wäre ja aber auch wirklich Jammerschade um die herrlichen Ausblicke, wenn dieselben durch Regen oder Nebel dem Auge entzogen würden. Aber wir haben eben – Schwein – um einen kernigen deutschen Ausdruck mal zu benutzen.

Es ist abds. ½ 11, die Sonne geht erst jetzt unter in vollendeter Schönheit, wir stehen am Vorderschiff in der Nähe des Allgewaltigen – des Kapitains – der durch sein stets liebenswürdiges natürliches Wesen sich die Zuneigung aller Passagiere im Fluge erobert hat. Er erzählt, dass sich hier in der Nähe öfter Walfische zeigen und siehe da, als wenn er einen solchen Bengel an der Leine hat, taucht plötzlich der dicke schwarze Kopf eines Walfisches aus dem Wasser hervor! Alles ist voll lauter Freude. Noch einmal zeigt sich der Bursche, dann kommt er nicht wieder zum Vorschein.

In der Nacht kommen wir wieder mehr in die offene See hinaus, ich bin totmüde und schlafe ausgezeichnet. Am anderen Morgen höre ich, dass es in der Nacht tüchtig geschaukelt hat und so mancher seekrank dabei geworden ist. Wir haben noch eine ganz hübsche Fahrt vor uns, erst gegen 12 Uhr Mittag sollen wie in Merok ankommen. Die Zeit wird nicht langweilig, und wenn man sich an der Schönheit der Natur mal satt gesehen hat, gibt es reichlichen

Zeitvertreib in allerlei Spielen an Bord, eine solche Deckszene an Bord anbei!

Wir befinden uns jetzt im Geirangerfjord. Er gibt seinen Vorgängern an Schönheit und Anmut nichts nach. Hohe und schroffe Felswände, unzählige größere und kleinere Wasserfälle, welche aus schwindelnder Höhe herunterstürzen, wechseln einander ab. Sieben Wasserfälle ganz dicht nebeneinanderliegend, die sieben Schwestern genannt, präsentieren sich unserem Auge, fünf davon sind aber nur noch „lebensfähig", die übrigen zwei machen nicht mehr mit.

Jetzt gondeln wir um einen stark vorspringenden Felsen herum und plötzlich, wie aus der Erde gestampft, liegt Merok mit seinen wenigen Häusern vor uns.

Merok

Punkt 12 gehen wir vor Anker, und sofort nach dem Lunch geht's hinüber an Land, wo 50-60 Wagen auf uns warten. Er soll in die Djupvanshytten (Gebirge) in die Schnee- und Eisregion ca. 1.100 Meter hoch gehen. Alle sind wir richtig gespannt auf diese angeblich hervorragende Tour!

Mit Goldmanns kann ich diesmal nicht fahren, da nur 2-sitzige Wagen vorhanden sind, wegen der kolossalen Neigungen, die wir zu überwinden haben. Es heißt, einen „passenden" Reisegefährten suchen; mein scharfes spähendes Auge bemerkt eine alte Dame allein auf einem Wagen sitzen. Als ich mir aber die „Sache" aus der Nähe besehen will, winkt und redet sie mir zu, ich könnte mitfahren, sie wäre allein. Aber brrr lieber ganz auf die Wagentour verzichten, als mit diesem alten – Raubvogel – Verzeihung! eine 7-stündige Wagentour (hin und zurück) zu machen. Als wohlerzogener artiger Mensch danke ich und sage ihr, ich warte noch auf einen anderen Herrn.

Alles fährt los, nur einige Wägelchen stehen noch da. Ich habe immer noch keinen zweiten Mann, es wird also höchste Zeit, wenn ich noch mit will. Plötzlich entdecke ich noch einen Wagen, wo nur ein Platz belegt ist. Ob Männlein oder Weiblein weiß ich noch nicht. Da erscheint eine vornehme Dame in schon etwas vorgerücktem Alter zwischen 40-50. Ich bringe glatt und schön, was mir nicht schwer fällt, mein Anliegen vor, und im Handumdrehen sitzen wir beide auf dem Gefährt und rasseln davon!! Die übliche Vorstellung war selbstverständlich längst erfolgt „Frau Albers aus Hamburg und Herr Georg Klaffehn aus Bernburg!"

In kurzen Kurven geht es ziemlich steil langsam bergan, das Gebirge liegt geschlossen in gewaltiger Erhabenheit vor uns. In entgegengesetzter Richtung leuchtet aus der Tiefe

der Fjordspiegel auf. Dabei funkelt und sprüht von den Höhen das Silberlicht des ewigen Schnees. Die Fahrstraße ist in ausgezeichnetem Zustande, es soll die beste in Norwegen sein. Die ganze Landschaft erinnert lebhaft an die Gegend der Gotthardbahn. Die Sonne meint es reichlich gut, den kleinen Pferdchen wird der steile Weg bei der Hitze recht sauer. Wir steigen deshalb öfter ab, gehen ein Stück zu Fuß und schneiden oft die großen Straßenwindungen ab, um quer hindurch

in steilem Klettern wieder die Fahrstraße zu erreichen. In der Ferne, hoch oben im Gebirge, heben sich gegen den Himmel kleine Zacken wie Pfähle aussehend ab. Es sind Wegsteine, hoch aufgerichtet, ungefähr 1 mtr. zur Seiteneinfassung der Fahrstraße, als Schutz gegen Absturz von Wagen und Karren. Da oben hinaus und noch höher soll uns unser Ponny bringen, unglaublich! Ich schüttele mit dem Kopf, aber doch ist es Wirklichkeit. Mit einem Male breitet sich ein großes Schneefeld vor uns aus. Allgemeine Stockung. Wir müssen absteigen, denn die leeren Wagen

haben ihre liebe Not durchzukommen. Uns macht indes die kleine Fußpartie durch den Schnee Spaß, unsere so ausgeruhten Beine haben endlich mal wieder ein bisschen Arbeit. Frau Albers entpuppt sich als liebenswürdige vornehme Dame, wo man keine lange Weile hat, und ich spiele selbstredend auch den Gentleman. Noch oft müssen wir durch tiefen Schnee waten, dabei gibt's nasse Füße. Immer höher, immer weiter geht es hinein ins Gebirge, es ist gar kein Ende zu sehen. Bei einer Schnee-Fußpartie sitze ich plötzlich tatsächlich bis an den Leib im Schnee, ich kriege zunächst einen gehörigen Schreck, der sich aber gleich wieder in Übermut verwandelt, als ich sehe, dass die Sache ungefährlich ist. Es ist ein Graben, mit Schnee gefüllt.

Endlich ½ 6 Uhr bekommen wir unser Ziel in Sicht. Ein Hotel liegt vor uns, und auch hier senden uns die norwegische und deutsche Flagge den ersten Gruß; eine kurze Fußpartie durch den Schnee wird noch gemacht, dann ist die sehnsüchtig erwartete Erfrischungsstation erreicht. Das sehr einfache, aber ziemlich große Speisezimmer ist knüppelvoll, alles hat Hunger und futtert drauf los – Spiegeleier, Kaffee und Käsebrot, soviel wie jeder mag; eine eigentümliche Zusammenstellung, aber es schmeckt vorzüglich. Auch unser lieber Kapitän erscheint in der Tür, von einem allgemeinen ah! wie aus einem Munde empfangen. Ein Ausruf der Freude, dass er auch da ist!

Nachdem wir uns mit Speise und Trank genügend versehen haben, schauen wir uns draußen ein bisschen um. Ein großer, mit Schnee bedeckter zugefrorener See liegt dicht am Hotel. Einige Skis sind schnell am Platze. Vergnügt machen einige Herren und Damen Versuche damit und machen unter dem frohen Gelächter der Umstehenden einige Purzelbäume. Der Photograph arbeitet wieder, er hat wie er sagt, 36 Platten mitgebracht, es werden denn auch eine ganze Anzahl Aufnahmen gemacht. Goldmann, seine Frau und ich wollen auch ein Bild haben, aber nur von uns dreien, denn die anderen haben ja weniger Interesse für uns.

Wir stellen uns denn auch auf dem zugefrorenen See so recht brüderlich zusammen im Schnee und halten recht still, das bekannte „bitte recht freundlich“ dabei nicht vergessend (Anm.: Georg Klaffehn rechts im Bild).

Wie gern möchte ich hier am Ort wenigstens einige Tage bleiben, inmitten der prächtigen Einsamkeit der Natur, aber die Zeit mahnt zur Rückkehr. In sehr flottem Tempo geht's bergab, 4 Std. bergauf, 1 1/2 nur bergab. Ich genieße alle Naturschönheiten noch einmal, ganz plötzlich und völlig unerwartet haben sich im Talkessel schwere finstere Wolken zusammengezogen, es fängt stramm an zu regnen mit Hagel dazwischen. Frau Albers und ich ziehen uns die sehr große

Wagendecken bis an den Hals und Frau Albers spannt zur Vorsorge noch den Regenschirm mütterlich über uns beide aus. Nur ½ Stündchen dauert diese kleine Abkühlung, dann hört es wieder auf und die Sonne zeigt uns wieder ihr harmlosestes Gesicht. Gegen 8 Uhr sind wir wieder glücklich an der Landungsbrücke und lassen uns schleunigst auf unserem lieben Meteor herüberholen.

Zweifellos gehört auch dieser Ausflug zu den Glanzpunkten Norwegens, ich bin über alle Maßen davon befriedigt. Nachdem ich mich umgezogen und zu Abend gegessen habe, nehme ich meine übliche Promenade an Deck wieder auf. Es regnet glücklicherweise erst jetzt wieder kräftig. Ich habe heute Abend Gelegenheit, mich einem Herrn Schröder, Gutsbesitzer aus Mecklenburg, vorzustellen, mit dem ich zufällig in geschäftliche Differenzen gekommen war, ihn aber vorher nicht kannte. Durch Zufall hatte ich erfahren, dass er sich auf dem Schiffe befindet und selbstredend habe ich diese seltene Gelegenheit benutzt, um mich mit ihm über die Differenzangelegenheit auszusprechen und zu einigen.

Seetag

Für den nächsten Morgen ist eine Extra-Wagentour nach Oie geplant, die nicht im Reiseprogramm vorgesehen war. Wer nicht mitmacht, fährt mit Meteor nach Oie. Ich wähle das letztere mit meinen Reisegefährten!

Mein Oberbett in der Kabine, welches unbenutzt ist, hat schon lange mein Interesse insofern erweckt, als ich feststellen möchte, wie es wohl ist, wenn man anstatt in das Unterbett jeden Abend sich in das obere Bett hineinbugsieren müsste. Ich versuche es also; eine Treppenleiter hierzu ist in der Kabine vorhanden. Diese benutze ich aber nicht, ich will sehen, ob man nicht so hineinkommen kann. Es geht leichter, als ich denke, mit einigen kühnen Sätzen bin ich drin und mache mich mal probeweise lang. Es liegt sich ja auch hier ganz behaglich, aber ich halte mich doch nicht lange hier oben auf! Für seebefahrene Leute ist es ja schließlich gleich, ob sie oben oder unten schlafen, aber man denke

sich einen Neuling, der beim Schaukeln des Schiffes sehr empfindlich ist. Für den „Unteren“ müsste es ja eine ganz scheußliche Situation sein, wenn der „Obere“ plötzlich seekrank würde und ....

Am nächsten Morgen komme ich erst spät gegen 8 Uhr aus den Federn oder besser gesagt „Decken“, denn das Bett besteht nur aus leichter Matratze, einem ganz kleinen Kopfkissen (wie für einen Puppenwagen) und einer mit weißem Überzug versehener Wolldecke zum Zudecken. Das Wetter ist wieder schön, die Sonne lacht, und wir fahren wieder stundenlang durch den Geirangerfjord denselben Weg zurück, alle Schönheiten der Fjords noch einmal in anderer Beleuchtung genießend. Gegen 12 Uhr Mittag gehen wir in Oie vor Anker, ein kleiner Ort mit nur 10-12 Häusern.

Die Lage dieses Fleckchens Erde ist wieder einzig schön(beigef. Bild zeigt Meteor im Hintergrund und vorn die auf uns wartenden Wagen. Ein Gesamtpanorama bietet nachfolgendes Bild).

Kurze Zeit nach unserer Ankunft gibts Lunch, erst dann beginnt das Ausbooten an Land, um einen kleinen Spaziergang in der Umgebung zu machen. Kaffee nehmen wir wieder an Bord gegen 5 Uhr ein und um 6 Uhr geht's schon wieder: „Anker auf“. Noch ist das Wetter schön, plötzlich verbreitet sich aber wie ein Lauffeuer das Gerücht an Bord, dass Sturm in Sicht sei, eine recht nette Zuversicht.

Gegen 10 Uhr kommen wir denn auch auf See heraus, wo der Wind schon stramm in die Backen bläst. Kleine Segler und Dampfboote, schwer beladen, fahren eilig der schützenden Küste, den Fjorden zu. Wir müssen aber heraus, und je weiter wir in das offene Meer kommen, desto größer werden die Schaukelbewegungen unseres Schiffes. Die Sache scheint sehr bedenklich zu werden, der Wind und die See kommen uns von vorn, Meteor senkt gewaltig die Spitze ins Wasser und das Hinterteil hebt sich beängstigend in die Höhe! Überall begegnet man ängstlichen fragenden Gesichtern. Viele Passagiere werden unruhig und der Kapitän gibt allen den Rat, sich in ihre Kabinen zu begeben, sich schlafen zu legen. Ich stelle mich in die Mitte des Schiffes, noch im Zweifel darüber, ob ich an Deck bleiben oder auch in die Kabine verschwinden soll. Es wird bedenklich, die Wellen türmen sich zu großen Wasserbergen auf, Sturzwelle kommen vorn über das Schiff, was sich ziemlich gefährlich anhört und ansieht. Mir selbst wird etwas zaghaft zu Mute, denn ich verspüre zur Veränderung in der Magengegend mal wieder das bekannte unbehagliche Gefühl, obwohl ich „die Ohren so steif halte, wie ich kann."

In meiner Pein frage ich den Decksteward um Rat, wie ich mich am besten vor Seekrankheit schützen könnte. Er rät mir entschieden, ins Bett zu gehen, das Kopfkissen herauszunehmen, also ganz waagerecht liegen, es könnte mir dann gewiss nichts passieren.

Es wird immer ungemütlicher an Bord, die meisten Passagiere sind von der Bildfläche verschwunden, nur wenige sind noch an Deck. Ich entschließe mich endlich, in die Kabine zu gehen, traue aber dem Rat des Stewards noch nicht, sondern lege mich zunächst probeweise ganz gerade aufs Sopha! Wahrhaftig! Es geht, mir wird ordentlich wieder wohl in dieser Lage und nach fünf Minuten habe ich Vertrauen zu der Sache: Ich stehe auf, um mich zu entkleiden, aber sofort ist das niederträchtige Gefühl wieder da. Also fix wieder lang gemacht und in dieser Position beginne ich mich dann zu entkleiden. Schnell bugsiere ich mich danach ins Bett herüber, um ja nicht die waagerechte Lage längere Zeit zu verändern.

Das Wasser schlägt unheimlich gegen die Schiffswand und braust und brodelt zischend und gurgelnd an meinem Kabinenfenster vorüber. Meteor macht starke Pendelbewegungen, was ich an meinem hängenden Regenschirm und Fernglas (leider!) sehr gut feststellen kann. Ich höre von meiner Kabine aus noch mehrfach Sturzwellen über Bord sausen, sodaß man denkt, der letzte Tag ist gekommen. Schließlich schlafe ich aber, weil totmüde, doch ein. Gegen 2 Uhr erwache ich. Die Ursache: das Schiff schaukelt nicht mehr. Es ist derselbe Vorgang wie auf der Eisenbahn. Man schläft, während der Zug in Bewegung ist und erwacht, wenn es nicht mehr der Fall ist.

Kjenndal

Schon um 6 Uhr bläst der Trompeter sein süßes melodisches Wecksignal auf jedem Deck. Der Ausflug nach Kjenndal soll und muss laut Programm gemacht werden. Wir werden ausgebootet, aber der Himmel macht heute ein ganz anderes Gesicht, als wie wir es sonst von ihm gewohnt sind. Er schaut trübe und verstimmt auf uns herab und hat scheinbar Lust, uns mit seinem nassen Element zu beglücken.

Unsere Ponnywagen stehen schon an Land für uns bereit, in ca. ½ Std. fahren wir bis an den Loensee, wo ein kleiner Dampfer uns aufnimmt, mit welchem wir in ca. 1 Stunde Fahrt nach Kjenndal kommen sollen. Man sieht es auf den ersten Blick dem kleinen Dampfer an, dass er nicht „dichte“ ist, er hat manchen Sturm erlebt und leidet entschieden gewaltig an – Altersschwäche! Es sieht alles so primitiv, ja armselig aus; wir sind ja alle Vergnügungsreisende mit gutem Humor. So viele Passagiere wird wohl der alte Kasten selten

haben. Es ist sicher weit über die zulässige Zahl, aber wer fragt hier danach? Niemand!

Na, der Kahn schwimmt also endlich los, hintenan noch ein größeres Boot, was auch noch zum Teil besetzt ist, wahrscheinlich wird es für alle Fälle als Rettungsboot mitgeführt!!! Unser Reisemarschall, der die Überlandtouren leitet, ruft uns noch zur „Ermutigung" zu, ob wir auch alle „gut assecuriert" d.h. versichert wären, ein netter Trost!

Das Wetter ist noch unfreundlicher geworden, die Wolken hängen sehr tief und infolgedessen ist fast gar keine Aussicht. Die meisten Passagiere lassen die Ohren hängen (ich auch). Wer eine Reisedecke mit hat, wickelt sich gut darin ein, denn es ist empfindlich kühl und rau.

Vom Gebirge hoch eingeschlossen ist der See, den wir durchqueren. Hübsch steif und durchgefroren kommen wir in Kjenndal endlich an. Nur eine Gastwirtschaft ist hier, wo wir bei Rückkehr vom Gletscher, den wir besuchen wollen, zu Mittag abgefüttert werden. Herrlich ist die Umgebung hier.

Es sind genügend zur Weiterfahrt nach dem Gletscher da, dieselbe muss aber extra bezahlt werden und da wir auch das dringende Bedürfnis haben, uns warm zu laufen, das Wetter auch noch einigermaßen gnädig ist, so entschließen wir uns zur Fußtour! Auf bequemen und geraden Wegen geht man in ca. einer Stunde nach dem Gletscher. Ehe wir dieselben aber erreichen, geht's los mit dem Regen, der schon lange gedroht hat. Schon von weitem winkt der Riesengletscher mit seinem blau und grün schimmernden Eis. Goldmanns machen nicht mehr mit und kehren um. Ich scheue den Weg aber nicht und rücke dem alten Eisonkel dicht auf den Leib, zuletzt muss ich durch Geröll und Wasserpfützen ¼ Std. hindurch.

Endlich habe ich ihn erreicht, in seiner ganzen Größe und Erhabenheit liegt der Eisriese vor mir. Leider fehlen die Sonnenstrahlen und so verliert der Gesamteindruck bedeutend an Schönheit und Glanz! Jetzt kehre auch ich um, der Regen kommt in Strömen. Ich erreiche die Wagenhaltestelle und fahre nach Kjenndal, denn ich habe bei dem niederträchtigen Wetter keine Lust mehr zum Laufen.

Was uns zu Mittag in Kjenndal geboten wird ist natürlich einfach, aber es schmeckt ganz gut, weil der Hunger da ist. Bei Zeiten sichere ich mir einen Platz auf dem Dampfer zur Rückfahrt, damit man wenigstens einen trockenen Platz bekommt, denn das Schiff ist nur zum Teil bedeckt.

Wie die Heringe zusammengepfercht hocken wir zusammen. Ordentlich beängstigend wird die Sache, sodass ich meinen Platz aufgebe und aufs Hinterdeck verschwinde.

Der Regen lässt nach, es klärt sich langsam auf und nach kurzer Zeit äugelt die Sonne zuerst vorsichtig, dann dreist wieder durch. Ich atme auf, ein Alpdruck entfernt sich von meinem Herzen, welch schöner, großer herrlicher Anblick bietet sich dem Auge, ach! Wie schön ist's doch hier, es übertrifft beinahe alles bisher Gesehene. Wie ein verzaubertes Land aus 1.000 und einer Nacht erscheint mir die ganze Umgebung. Nach allen Seiten heben hohe Berge ihre stolzen zackigen, mit Gletschern und riesigen Schneefeldern gekrönten Gipfel zum Himmel empor, während die zwischen den Tälern liegenden Felder mit ihren hellgrünen Weiden und Wiesen der ganzen Landschaft einen äußerst lieblichen Charakter geben, sodass sich das Auge schwer von ihr trennen kann. Die herrlichsten Landschaftsbilder treten während der Fahrt in immer neuen Formen hervor, und kein Pinsel vermag wiederzugeben, kein Wort zu beschreiben, was sich auf dieser Fahrt uns zeigt. Nass wie die Maden, aber hocherfreut und befriedigt von dem Gesehenen, kehren wir gegen 2 Uhr nachmittags an Bord zurück. Ein kurzes Mittagsschläfchen leiste ich mir, der Körper verlangt es gebieterisch. Gegen 5 Uhr komme ich aber noch rechtzeitig zum Kaffeeempfang.

Punkt 7 Uhr, während wir beim Abendbrot sitzen, werden die Anker gelichtet, auch für heute Abend ist ein sogenannter Schiffsball arrangiert und in üblicher Weise das Hinterdeck geschmückt. Lustig dreht sich im Kreise, was „Mumm" dazu hat. Ich selbst bin heute Abend dazu nicht recht aufgelegt und schenke mir das Vergnügen; es ist oftmals überhaupt gar nicht so leicht, sich auf schwankendem Schiffe im Kreise zu drehen, denn gerade ist das Parkett nicht, sondern etwas gewölbt. Also sicherer Tänzer muss man schon sein, nicht etwa Stümper! Während der Nacht erreichen wir wieder mal offene See, was sich sofort durch angenehmes Schaukeln bemerkbar macht. Ich erwache zwar ob dieser Ruhestörung, schlafe aber bald wieder ein.

Bergen

Früh ½ 8 Uhr am anderen Morgen haben wir unsere letzte Station Bergen erreicht. Die Stadt ist uns schon auf der Hinreise, wenn auch nur oberflächlich, bekannt geworden; es ist ein Aufenthalt von 10 Stunden vorgesehen. Wir haben also reichlich Zeit, uns Bergen genau zu betrachten; es ist eine ziemlich bedeutende Handelsstadt und mutet mit seinen ca. 80.000 Einwohnern schon wie eine richtiggehende Großstadt an. Ihre Lage soll die Schönste aller Seestädte Europas sein. Sie ist von drei Seiten vom Wasser umspült und bekannt durch die hier niedergehenden starken Regenmassen (ca. 2000! Millimeter pro Jahr). Die Vegetation ist üppig und kommt der unsrigen gleich.

Interessant und erwähnenswert sind außer Museum, Theater etc. die deutsche Brücke, eine Straße direkt am Hafen

gelegen. Hier wohnten die ersten deutschen Kaufleute, vor allen anderen Ausländern, und hiernach ist die Straße benannt. Hier hatten diese auch ihre Kontore und Handelshäuser, die meistens noch heute vorhanden sind; eine kleine Illustration davon anbei.

Zunächst geht es wie üblich früh mit Boot an Land. Das Ausbooten ist diesmal sehr schwierig, aber interessant, da ziemlich unruhiges Wasser ist. So mancher ladet sich einen kräftigen Spritzer auf, unter Lachen der übrigen Passagiere. Unser erstes Ziel ist eine alte, halb verfallene Festung. Mit seinen unterirdischen Gängen und Gefängnissen mutet dieselbe ordentlich gruselig an, dann geht's wieder nach dem hochinteressanten Fischmarkt - ein alter Bekannter. Jetzt geht's weiter nach dem Museum. Nach vielem Hin- und Herfragen finden wir dasselbe endlich, wir sehen uns dasselbe ziemlich gründlich an. Mittag sind ohne Ausnahme alle wieder an Bord, keiner wollte das schöne Lunch überspringen. Nachmittag bin ich mal allein. Meine Reisegefährten wollen ausruhen, ich dagegen schütze keine Müdigkeit vor und lasse mich nochmals an Land setzen. Nach alter Gewohnheit bummele ich mutterseelenallein gemächlich und vergnügt durch die Straßen und Gassen, alles hat für mich Interesse, es ist ein behagliches Gefühl, auch mal allein zu sein, so ganz unter wildfremden Menschen. Ich mache noch einige kleine Einkäufe für meine Kinder und stelle mich zur Kaffeezeit wieder an Bord ein. Für 6 Uhr abends ist die Abfahrt angesetzt, wie immer geht's auch pünktlich los. Während ich damals bei der Einfahrt nichts von den Schönheiten des Hafens und Bergens Umgebung gesehen hatte, weil Meteor schon vor Anker lag, als ich früh erwachte, bot sich jetzt Gelegenheit dieselben in aller Muße zu genießen.

Rings um die Stadt herum erheben sich gewaltige Gebirgsketten. Je mehr sich das Schiff vom Land entfernt, dessen reicher werden die Gebirgslinien. Die Häuser liegen amphitheatralisch, bis sie sich in den Höhen in einzelnen Villen verlieren. Der Wind pfeift unheimlich und gewaltig durch die Takellage, wie ich ihn noch nicht während der ganzen Reise gehört habe. Man munkelt auch schon wieder allerlei von „Sturm auf See", und aus einer in Bergen gekauften deutschen Zeitung ersehe ich, dass in Deutschland und auf der Nordsee Sturm getobt hat. Mir wird ein klein bisschen anders zu Mute, kommen wir doch gleich auf See heraus und haben 48 Stunden Fahrt vor uns. Die sonst so schöne böse, böse See!! Na, das kann gut werden. Aber hier heißt es einfach, sich in das Unvermeidliche fügen. Mitgegangen! mitgefangen! mitgehangen!

Es heißt dreist und gottesfürchtig, dem entgegenzusehen, was da kommen soll. Vorläufig fahren wir ja noch im ruhigeren Fahrwasser und so schlimm, wie es anfangs schien, wird es nicht. Die Möwen verfolgen eifrig in großen Schwärmen zu mehreren 100 unser Schiff und zeigen sich uns in ihren eleganten graziösen Flugbewegungen als wahre Luftkünstler. Ein herrlicher Anblick ist's, die 300/400 Tierchen so in der Luft um uns herumfliegen zu sehen. Sie lesen fleißig und gierig die Speisereste auf, welche der Allgewaltige in der Küche - der I. Koch - über Bord werfen lässt. Mehrere Stunden fliegen die Möwen hinter uns her, bis sie endlich zurückbleiben.

Rückreise

Früh 3 Uhr erwache ich durch kräftiges Schaukeln. Vorsichtshalber hatte ich mein Kopf- und Keilkissen herausgelegt und war jetzt tröstlich und guter Dinge, als ich gewahr wurde, dass mir das Schaukeln nichts anhaben konnte. Ich dachte, schaukele Du man, mich kriegst du diesmal doch nicht! Gemütlich schlafe ich nach kurzer Zeit wieder ein, um 6 Uhr bin ich aber doch mit dem Schlafen fix und fertig. Neugierig klettere ich schnell aus dem Bette, um wie jeden Morgen erst Ausschau zu halten, wie die Sache eigentlich für heute steht. Aber welche Überraschung - das Herz klopft mir vor Freude bis an den Hals - wie herrlich, unsagbar schön ist das Meer!! Tiefblau, etwas unruhig, tausende und abertausende von schneeweißen gekräuselten Wellenköpfen. Ich bin entzückend hingerissen von der wunderbaren Schönheit, und meine ganze Beschäftigung nachher auf Deck besteht darin, dass ich immer und immer wieder in die wilde unbezähmbare gewaltige schwere Wassermasse freudigen Auges hineinschaue! Und zum Überfluss und um allem die Krone aufzusetzen, verschönt die Sonne mit ihrem strahlenden Glanze das ganze überwältigende schöne Bild! Nichts wird im Stande sein, dasselbe jemals wieder zu verwischen. Ewig sehe ich dasselbe im Geiste vor mir.

Worte sind nicht da, die entfaltete Pracht und Schönheit des Meeres zu schildern. Wer es noch nicht miterlebt hat, wird sich schwerlich eine richtige Vorstellung davon machen können. Es ist etwas Erhabenes, Schönes und Großes so auf weitem Meer, nichts als Himmel und Wasser, weitab von jeder menschlichen Hilfe, nur auf sich, seine Mitreisenden und sein Schiff angewiesen. Ein Bild kann solches nur ganz schwach wiedergeben. Es fehlt das Leben, das Licht und die unermessliche Weite ringsum.

Der Wind bläst frisch. Zum Glück schräg von hinten, denn sonst wären nach Aussage des Kapitäns 2/3 der Passagiere seekrank. Einige Kranke zeigen sich aber trotzdem bald, die schon von weitem erkennbar sind. Hin und wieder wird fern am Horizont ein großer Dampfer sichtbar. Ein Zeichen, dass wir wieder auf verkehrsreicher Strecke sind. Die Fahrt selbst verläuft ohne jede Störung. Alles klappt wie von Anfang an großartig und durch den Rückenwind kommen wir äußerst schnell vorwärts.

Der letzte Abend rückt unerbittlich heran, den wir mit unserem so lieb gewonnenen Kapitän auf See verleben, sollen wir doch schon am nächsten Tage nachmittags 3 Uhr in Hamburg sein. Es ist deshalb für heute Abend das Abschiedsdinner angesagt, welches sich durch besonders gut ausgewählte Speisen und sonstigen fidelen Hokuspokus auszeichnet.

Als um 7 Uhr abends alle im Speisesaal versammelt sind, herrscht schon eine gewisse gehobene Stimmung. Die Damen haben ganz besonders festliche Toilette gemacht. Es wird auch, ich wills gleich verraten, eine Pulle mehr getrunken wie sonst! Leider findet sich niemand unter den

Gästen, der eine hübsche Rede hält, bis schließlich ein Herr Ökonomierat Geißler noch im letzten Augenblick eine kurze Ansprache vom Stapel lässt. Der Kapitän dankt höflich, nicht ohne etwas Ironie einfließen zu lassen, dass man erst kurz vor Toresschluss sich aufrafft, einige Worte zu sagen. Die Herren Monocle Onkels, Grafen und Konsorten hatten keinen Mut oder kein Geschick zum Reden.

Na, der kleine Zwischenfall störte die Harmonie und den Humor weiter nicht, es wurde immer lebhafter. Noch eine Pulle musste dran glauben, Knallbonbons waren en masse da und wurden mit dem Nachbar oder Nachbarin gezogen. Papierkappen, kleine Bootsmannspfeifen und sonstige Radauinstrumente kommen daraus zum Vorschein, mit welchen jeder nach Herzenslust, je toller je besser, Spektakel macht.

Die richtige Fastnachtsstimmung ist da, ein maskierter Trupp zeigt sich mit einem Male an der Tür des Speisesaales, zieht mit Lampions, Musik und Riesenmassen „Fürst Pückler" durch den Saal und setzt letzteren jedes Mal auf einen Tisch, was dann herumgereicht und mit Wohlbehagen verschlungen wird. Es ist einfach famos und in allen Teilen als wohl gelungen zu bezeichnen. Erst spät trennt man sich, nach und nach wird es leer. Alles sucht die mollige Ruhestätte, die Kabine zum letzten Schlaf – auf dem Schiffe natürlich – auf.

Um 3 Uhr früh! Helgoland wird passiert. Ich sehe es im Morgengrauen zurückliegen.

DAMPF-YACHT
— „METEOR" —

Hauptmahlzeit.

Donnerstag, den 12. Juni 1913

Diplomaten-Vorspeise

Suppe Karl der Grosse
Kraftbrühe

Lachsschnitten grilliert
Anchoven-Butter

Suprême von Poularde nach Wilhelm II.

Rinderfilet à la Commodore
Birnen-Kompott Salat

Braunschweiger Stangenspargel
Schaumsauce

Venetianische Eisbombe Petits Fours

Käse Frucht Kaffee

STEAM YACHT
"METEOR"

Dinner.

Thursday, June 12th 1913

Hors d'Oeuvre à la Diplomate

Soup Charlemagne
Consommé

Broiled Fillets of Salmon
Anchovy Butter

Suprême of Pullet, William II. Style

Tenderloin of Beef à la Commodore
Compote of Pears Salad

Brunswick Asparagus
Sauce Mousseline

Venetian Ice Cream Petits Fours

Cheese Fruit Coffee

Als ich gegen 4 Uhr erwache und Umschau halte, wird mir ganz weich und weh ums Herz, als mir mit so furchtbarer Deutlichkeit vor Augen geführt wird, dass die herrliche Nordlandreise so gut wie vorüber ist. Im Stillen winke ich Helgoland noch einen Scheidegruß zu und fröstelnd und eilig klettere ich wieder in mein Bettchen, um noch einige Stunden Schlaf zu genießen. Es will aber damit nicht mehr so recht gehen, mich beschäftigen zu sehr wehmütige Gedanken, dass nun in wenigen Stunden schon Schluss der Reise ist.

Früh 6 Uhr kleide ich mich schon an. Mir fällt auf, dass die Maschinen geräuschlos arbeiten und auf Befragen beim Offizier wird mir der Bescheid gegeben, dass die Maschine nur auf halbe Kraft gestellt ist, weil wir vor 3 Uhr Nachmittag nicht in Hamburg eintreffen sollen. Denn nur zu diesem Zeitpunkt ist der Quai zum Anlegen für uns frei und außerdem sind für 3 Uhr ca. 100 Droschken am Anlegeplatz bestellt und auch noch andere Empfangsvorbereitungen getroffen, sodass sich unser Kapitän wohl oder übel so einrichten muss, dass er erst um 3 vor Anker geht, obgleich wir mit Leichtigkeit schon früh 9 Uhr da sein können.

Cuxhaven ist längst in Sicht, jetzt passieren wir es. Der Meteor stoppt kurze Zeit, um die Passagiere auszubooten, welche sich noch Cuxhaven ansehen und evtl. noch einen Abstecher nach Helgoland machen wollen.

Ich zähle an die Reeling gelehnt nur 18 Personen, die hier vom Schiff mit einem Dampfboot abgeholt werden. Eifriges lebhaftes Grüßen und Winken von beiden Seiten, und eilig fährt das Boot dem Lande zu.

Unser Schiff steuert in ganz langsamer Fahrt dem Heimathafen zu. Mit einem Male ist die sonst so große Ruhe unter den Passagieren verschwunden. Eine gewisse Erregung herrscht an Bord und unruhig steht oder geht alles umher. Ein ziemlich voll besetztes Auswandererschiff kommt uns entgegen, es signalisiert nach Aussage des I. Offiziers „wir fahren nach Südamerika“, und, wie es üblich ist, erwidert Meteor durch Flaggensignal „Glückliche Reise“. Auch wir winken den Leuten drüben, die in See gehen, lebhaft zu, wofür auf der anderen Seite durch Tücher und Mützenschwenken gedankt wird.

Inzwischen sind wir in die äußere Elbe gekommen. Es wird lebhafter, überall näher oder weiter entfernt sieht man Fischerboote mit ihren großen Segeln auftauchen, auch ein kleiner französischer Kreuzer liegt in einiger Entfernung vor uns. Das Wetter ist schön, die Sonne meint es sehr gut, aber aus unserem so schönen dunkelblauen Meerwasser ist inzwischen, ohne dass wir es recht gemerkt haben, eine gelbliche schmutzige Masse geworden, was wohl auf den Untergrund zurückzuführen ist. Erst kurz vor Hamburg hat das Wasser wieder die richtige Farbe.

Eine kleine Abwechslung ereignet sich noch kurz vor dem Abschluss unserer Fahrt. Ich sehe plötzlich gegen ½ 12 Uhr einen kleinen Schleppdampfer auf uns zusteuern, an Bord desselben befinden sich Zollbeamte, die unser Gepäck untersuchen wollen.

Das Boot legt an, wir stoppen, die hohen Herren vom Zoll, sehr wichtig ausschauende Personen, zehn an der Zahl und außerdem noch eine Dame, sich ihrer hohen Würde bewusst, entsteigen demselben. Eine Aufregung, ein unruhiges Durcheinander entsteht unter den Passagieren. So mancher wird ja doch diese oder jene Heimlichkeit tief unten im Koffer verstaut haben. Zwischen dem großen Gepäckberg, der inzwischen aus allen Kabinen an Deck gebracht ist, wimmelt und krabbelt es. Jeder will möglichst zuerst abgefertigt sein! Gestreng und ernst schauen die Beamten in die meistens mit gebrauchter Wäsche gefüllten Koffer. So mancher Passagier bringt doch in seiner Angst etwas Verzollbares hervor. Er geht damit an die Waage, kleine Zollbeträge werden entrichtet. Die Unkosten kommen aber sicher nicht dabei heraus. Auch ich öffne schließlich mein „Köfferchen", mein ehrliches Gesicht überzeugt den Herrn Beamten schnell von meiner diesmal tatsächlichen Unschuld. Ich klappe fix wieder zu und bin froh, dass ich damit fertig bin.

Es ist inzwischen 1 Uhr geworden, die Revision ist vorüber und die Herrn Zollbeamten sind selbstverständlich bei uns an Bord zum Lunch geladen. Es ist für uns alle die Henkersmahlzeit – leider – wir verzehren aber auch diese wie immer mit vorzüglichem Appetit! Das Stadt- und Hafenbild Hamburg tritt jetzt mehr vor unsere Augen, wir passieren ganz dicht die Riesenwerft von Blohm & Voss - ein kolossaler Schiffsrumpf liegt auf der Helling der Werft. Ein großer Panzerkreuzer ist's, der Punkt 3 Uhr vom Stapel laufen soll für unsere Marine. Er tut uns aber nicht den Gefallen, dass er vor unseren Augen ins Wasser saust. Es ist nämlich noch 15 Minuten bis 3 Uhr. Noch ein viertel Stündchen, dann sind wir am Ziel. Es geht ans Abschiednehmen der näheren und weiteren Bekanntschaft, die man während der Reise auf dem Meteor gemacht hat. Mancher hat manch schöne Stunde mit ihnen verlebt, manche herrliche Naturschönheit mit ihnen bewundert. Die Wenigstens sehen sich überhaupt im Leben nicht wieder und deshalb geht das Verabschieden auch überall ohne Tränen ab.

Das bekannte, äußerst interessante und so abwechslungsreiche Hamburger Hafenbild präsentiert sich unseren Augen. Ein Schleppboot legt lt. Vorschrift am Meteor an und bugsiert ihn in den inneren Hafen. St. Pauli/Hamburg, unser Endziel, haben wir nach 38-stündiger ununterbrochene Fahrt, die herrlich schön und unvergesslich sein wird, erreicht. Eine Menge Menschen erwarten unsere Ankunft, teils aus Neugier, teils um ihre Angehörigen abzuholen.

Jetzt ist das Schiff dicht am Bollwerk. Die Fangleinen fliegen im hohen Bogen an Land, die gewaltigen Taue und Drahtseile des Schiffes treten in Tätigkeit und in einigen Minuten liegt dasselbe fest. Von der Amerika-Linie sind eine Menge Leute da, die sofort eine eifrige Tätigkeit entwickeln. Es werden noch Treppen angelegt, damit wir vom Schiff herunter können, die Gepäckbrücke liegt inzwischen auch an. Es geht alles schnell, mir aber nicht schnell genug. Ich gehe deshalb nochmals zurück aufs Schiff, suche aus dem Riesenhaufen meinen Koffer und Reisedecke heraus und trabe oder besser gesagt gehe damit stolz an Droschken und Autos vorüber zur Elektrischen – um für 25 Pfennige inkl. Trinkgeld anstatt ca. 3 Mark schnell und sicher nach Hamburg-Hauptbahnhof zu kommen. Bisher hatte ich das Geld, wie sich das gehörte, beim Ausgeben nicht angesehen. Jetzt aber tritt die alte angeborene kaufmännische Strategie wieder in ihre Rechte.

Anfangs hatte ich noch die Absicht, einen Tag in Hamburg zu bleiben. Ich bin aber vollständig übersättigt und auch abgespannt von all dem Gesehenen, sodass ich es vorziehe, ohne Aufenthalt Bernburg zuzueilen. Eine große Menge meiner Reisegefährten, die Richtung Berlin-Dresden hatten, fährt noch bis Wittenberge mit.

In Windeseile geht es rastlos weiter, und bei Rückkunft werde ich dann am Bahnhof von meinen Kindern, dem Schwiegervater und Seppel erwartet. Seppel äußert seine

Freude über mein Wiederkommen mit lautem Gebell und nicht enden wollenden Freudensprüngen!

Es war alles in allem eine glückliche schöne Fahrt. Für einige ist sogar diese Nordlandreise ein ganz besonders wichtiger Lebensabschnitt gewesen. Denn nicht weniger als drei Verlobungen sind am Reiseschluss heraus gekommen, ich kann also unseren schönen Meteor als Verlobungsschiff bestens und warm empfehlen!

Bernburg d. 21.2.1914, nachm. 2 Uhr fertiggestellt!

Erinnerungen

Es war am 17. Febr. 1914, als ich nach beinahe 32 Jahren die Stadt wiedersah, wo ich meine früheste Kindheit verbrachte, die ich noch in ziemlicher Erinnerung hatte. O schöne, o selige Kinderzeit mit all ihren Freuden und Herzeleid!

Aus dem Bahnhof Kyritz trat ich abends 7 Uhr, es war bereits dunkel, eigenartige Gefühle umschlichen mich. Zunächst besorgte ich meine geschäftl. Wege, und dann bummelte ich durch kleine, schlecht beleuchtete Gassen und enge, schlecht gepflasterte Straßen mit seinen meist einstöckigen Häusern. Gewaltig zog es mich nach der Hamburgerstraße, zu der Stelle meiner Eltern Wohnung; jetzt passierte ich die Mittelstrasse, klein, eng, schlecht beleuchtet, genau erinnere ich mich, dass ich hier oft mit meinen Spielkameraden zusammen gespielt habe. Da ist der kleine Rinnstein, wo wir im Winter dem Schlittschuhsport eifrig huldigten, hier noch das alte Eisengeländer vor dem einen Schaufenster, wo meine schwesterliche Liebe sich so oft krampfhaft anklammerte, wenn die Beine oft nicht so wollten wie sie! Plötzlich taucht die Ecke auf, wo das kleine recht bescheidene Haus gestanden hat, in dem wir einst wohnten. Aber die alte

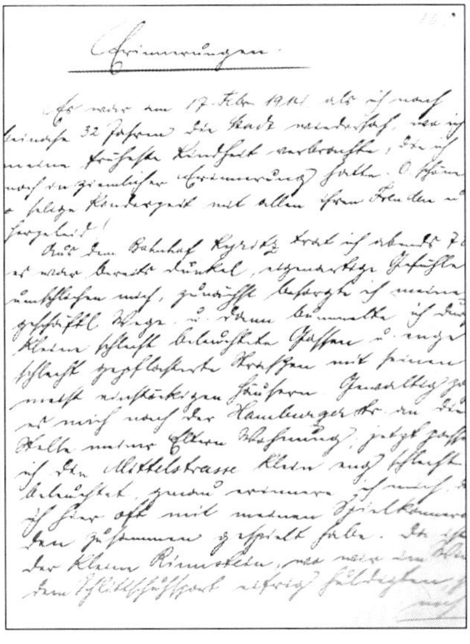

Bude hat längst einem Neubau Platz machen müssen. Sinnend im Nachdenken vertieft stehe ich da, heitere, fröhliche Kinderjahre ziehen in meinem Geiste vorüber, aber auch ernstere Augenblicke sind dazwischen, d.h. wenn es Senge gab.

Ich wandere weiter, nichts Schöneres kann ich mir denken, als alte liebe Erinnerungen aus der Kindheit zurückzurufen. Immer mehr finde ich mich trotz der Dunkelheit zurecht, immer mehr Erinnerungen werden wach. Jetzt biege ich in eine Straße ein, da sehe ich plötzlich den Markt vor mir, wie groß und mächtig düngte mich derselbe als Kind. Wie gewaltig stand das Rathaus in meinem Kindergedächtnis vor mir und ach! Wie klein, wie nichtssagend sah ich es jetzt wieder. Es sind eben ganz andere Augen, mit denen ich das Bild heute betrachte.

Hier am Markt war es, als ich als 7-jähriger Bub mit weinenden Augen und gebrochenem Herzen stand, weil nach einem furchtbaren Gewitterregen der allwichtige bedeutende Mann (Ausrufer) mit der großen Klingel von Straße zu Straße ziehend bekannt machte, „das Erntefest wird wegen schlechten Wetters aufgeschoben".

Da war der Kummer da für das Kinderherz. Seit Wochen war die Freude groß, dass das Fest herankam, wo alle Kinder mit Holzsense und Harke, mit Kränzen und Schleifen geschmückt, im Sonntagskleide hinausziehen zum Volksfest – Erntefest. Und das sollte aufgeschoben werden! Welcher Jammer und wie viel Herzeleid brach da über unsere Kinderseelen herein!! – Aber der Wettergott mochte wohl so viel Kümmernis und Herzeleid der „Kleinen" nicht sehen können. Innerhalb 2 Stunden war das schönste Wetter. Frau Sonne lockte mit ihrem freundlichsten Gesicht und lud zum Feste ein.

Da horch! Musik ertönt von fern. Wie im Sturmwind sind wir Kinder in unseren noch nicht wieder ausgezogenen sonntäglichen Kleidern wieder auf der Straße. Die Musik kommt näher, auf dem Markt, dicht an unserer damaligen Wohnung, wird halt gemacht. Einige Kinder haben sich schon freudestrahlend dem Zuge angeschlossen, es soll also doch noch hinausgehen ins Freie zum schönen Erntefest. Jauchzen und fröhliches Kinderlachen überall. Selbst die „Alten“ haben vergnügte Gesichter aufgesetzt! Hier entschwindet mir leider die Erinnerung über den weiteren Verlauf!

Ich wandere weiter. Jetzt komme ich an eine Ecke, da wohnt der Fleischer. Wenigstens der Laden ist noch da, hier habe ich meine überflüssigen und schlachtbaren Kaninchen hingebracht zum – totmachen. Ein roher Fleischergeselle, manchmal aber auch der Meister in höchsteigener Person, hat dem Langohr eins zwischen die Löffel gegeben, was ich aber nie mit ansehen konnte. Liebkosend zärtlich trug ich es auf dem Arm dorthin, lang gestreckt leblos und schlaff trug ich es an den Hinterbeinen gefasst wieder nach Hause. Am anderen Tag kam es in die Pfanne und Mittag wohlriechend und knusprig auf den Tisch. Meine Mutter verstand das Kochen und Braten ausgezeichnet.

Eine Straße weiter, hier an der Ecke war es, als ich mit durfte nach dem Felde zum Kartoffeln auflesen. Freudig kletterte ich auf den Ackerwagen, der mich und noch 2 Kinder hinausbringen sollte aufs Feld. Da - die Pferde ziehen an, ich stehe hinten auf dem offenen Wagen und habe mich nicht festgehalten - ein Ruck und bums liege ich unten mit der Nase auf dem Pflaster! Das Blut kam aus Mund und Nase, schnell geht's im Laufschritt nach Hause. Zänke gibts tüchtig, ein Stück dünn geschnittene Scheibe

Rindfleisch wird auf die Nase und Umgebung gelegt, die dick angeschwollen ist. Die nächsten Tage kann ich nicht in die Schule, was ein kleiner Trost in dem Unglück war. –

Ganz ohne Ziel und Absicht schlendere ich weiter, hat doch alles um mich her das größte Interesse. Das ganz bescheidene Schützenhaus taucht vor mir auf, wo wir so oft das Schützenfest gefeiert haben und wo ich auch mal meine ersten Rauchversuche machte. Ein fliegender Händler bot lange dünne sogenannte Cigarren an. 2 Pfennig das Stück mit Strohhalm. Neugierig und verwegen probierte ich mit noch anderen Leidensgefährten solch ein Unglücksding. Mir wird schon bald nach den ersten Zügen, die im stillen verborgenen Winkel gemacht wurden - sehen durfte es ja keiner – übel. Klopfenden Herzens und schwindelig strebe ich dem Elternhaus im Eilschritt zu. Die Brust arbeitet gewaltig, das Herz schlägt stark, ich knöpfe den Rock auf und lege die Hand auf die wogende Brust und das klopfende Herz. Bin kurz vor dem Hause meiner Eltern, da erfolgt die Explosion und erleichtert krieche, nicht gehe ich die Treppe hinauf und verschwinde im Kämmerlein.

„Junge, du hast geraucht!", sagte mein Vater und es gab eine ganz stramme Portion Prügel. Am nächsten Tage in der Schule wiederholte sich der Prügelakt, weiß der Teufel, wer es dem Lehrer hinterbracht hatte. Der wusste zwar nichts Genaues, aber er klopfte auf den Busch, wie es die Herren Kantor eben machen, und Georg Klaffehn war ein gutes dummes Luder, wollte ein ehrliches Gewissen haben und meldet sich als einer der Attentäter neben noch verschiedenen anderen.

Ein anderes Erinnerungsbild: Dicht neben dem Schützenplatz liegt die Zuckerfabrik, das eiserne Gittertor wie vor 32 Jahren ist noch da, ich erkenne es wieder. Ungefähr

50 Meter von hier im Fabrikhof wurde früher weißer Fabrikzucker in handgroßen Stücken, ähnlich so weich wie Seife, zum Trocknen hingeschüttet. Dahin pilgerten wir öfters, und unsere Kinderaugen schauten gierig und lüstern nach dem großen weißen Berg hinüber durch das eiserne Gitter. Eines Tages stand es offen. Ein paar dreiste und gottesfürchtige Jungen standen mit mir und meiner Schwester an dem offenen Tor und hielten Kriegsrat, wie wohl einige Stücke von dem schönen Zucker in unseren Besitz kommen könnten. Endlich war der Entschluss gefasst. Die am besten laufen konnten, sollten den Zuckerberg stürmen und einige Stückchen holen. Ich war natürlich auch dabei, das Rennen ging los. Ich hatte 2 Stücke ergriffen, in jeder Hand eins, da nahte das Verhängnis. Ein Mann kam aus der Fabrik mit einem Knüppel, ereichte einen von uns und verabfolgte ihm die wohlverdiente Tracht Prügel; ich kam wieder an das rettende Tor, alles war natürlich in einer Minute erledigt. Ich denke mir, dass uns der Mann mit dem Knüppel schon beobachtet hatte und auf unseren Überfall vorbreitet war. Draußen in Sicherheit wurden die gesäuberten Stückchen verteilt, aber nicht redlich und brüderlich, sondern wie es Kinderart ist, für sich selbst - schon von wegen der Gefahr - das größe Stück!

Jetzt mache ich kehrt, wieder der Stadt zu, es zieht mich nach der Kirche am Markt, wo es jährlich aus städtischen Mitteln 1 x gratis Bassewitzbrot gibt, eine Art Semmel mit Rosinen dazwischen, ein leckerer Happen für unsere Kindermäuler. Das Brot gab es zur Erinnerung aus früherer Zeit, wo die Stadt mal gegen den Überfall gegen Raubritter gerettet wurde. Um die Kirche gehe ich herum, alte hohe ehrwürdige Bäume ringsum schauen im Dunkel des Abends finster und drohend auf mich hernieder, da stoße ich auf ein Eckhaus.

Ein hölzernes windschiefes Tor führt in einen Hof. Kurzes Nachdenken, ich traue meinen Augen kaum, es ist meine frühere Schule. Täglich ging ich durch das hölzerne Tor mit Fiebel, Schiefertafel und Holzpantoffeln, später in Schuhen.

Das Fenster nach der Kirche zu war meine Klasse, wo ich in die Weisheiten des ABC eingeweiht wurde. „Oh schöne Zeit, o selige Zeit, wie bist du nah und doch so weit", zitiere ich unwillkürlich. Lange noch schaue ich auf das alte, jetzt gebrechliche Tor, das Fenster, den kleinen Schulhof und denke längst vergangener Zeiten.

Noch manche Erinnerung steigt in mir auf, im Geiste sehe ich den kleinen Fluß, der dicht um Kyritz herumfließt. Ich sehe die Wiesen dicht dabei, wo ich im Winter mal beim Schlittschuhlaufen mit meiner Schwester zusammen eingebrochen bin, glücklicherweise nur bis übers Knie. Ich sehe den Garten, wo ich mich hineinflüchtete und mich bei Eis und Schnee hinsetzte und verstohlen mir und meiner Schwester die Strümpfe und Stiefel auszog, das Wasser aus den Strümpfen drückte und von wo wir dann zu Bekannten liefen und uns trockneten, denn nach Haus trauten wir uns nicht, da gab es Hiebe! Leider kann ich diese für mich historische Stätte, weil stockfinster, nicht mehr in Augenschein nehmen.

Erbaut von den schönen Jugenderinnerungen und mit einem Gefühl der Dankbarkkeit gegen das Schicksal, das mich durch allerlei Stürme und nicht immer auf rosenbestreutem Wege zu meiner heutigen Stellung gebracht hat, pilgere ich gegen 9 Uhr abends dem Bahnhof zu. ½ 10 soll mich der Zug nach Berlin bringen, wo ich Mitternacht glücklich lande.

Bernburg, 7. Februar 1915.

Kyritz hundert Jahre später.
Der demografische Wandel ist der hübsch herausgeputzten Stadt anzumerken. Heute gehört auch das Erntefest in der beschriebenen Form der Vergangenheit an.
Oben: Kreuzung Mittelstraße/Hamburgerstraße.
Rechts: Markt mit Rathaus.
Unten: Ein neues Tor vor der weltbekannten Stärkefabrik.

Denk-MAL-Prora
Schriftenreihe

Bislang sind erschienen:

Band 1:
KdF und Kaserne.
(Un)sichtbare DDR-Geschichte in der Jugendherberge Prora

Band 2:
Geheime Aufzeichnungen eines Bausoldaten in Prora
Courage in der Kaserne, der heutigen Jugendherberge

Band 3:
Asche aufs Haupt!
Vom Kampf gegen das kollektive Verdrängen
der DDR-Vergangenheit in Prora auf Rügen

Band 4:
Kreuzfahrt vor dem Krieg
Mit dem Vergnügungsdampfer
Meteor nach Norwegen -1913

Der Herausgeber

Dr. Stefan Wolter

Historiker und Theologe, 1967 in Eisenach geboren, in der Hohen Rhön aufgewachsen. Seit 1999 lebt und arbeitet er in Berlin-Prenzlauer Berg.

Seit 2005 sind mehr als ein Dutzend Aufsätze und Monografien erschienen, darunter:

- Geschichte der Allgemeinen Krankenhäuser in der Stadt Eisenach, 2 Bde., 980 Seiten, BoD 2006.
- „Für die Kranken ist das Beste gerade gut genug."
  100 Jahre Klinikum Quedlinburg, Letterado-Verlag 2007.
- „Im Geiste edler, hilfreicher Menschlichkeit." Vom Städtischen Krankenhaus Merseburg zum Saalekreisklinikum", Projekte-Verlag Cornelius GmbH 2009.
- „Eine Musteranstalt zum Heile und dem Kreis zur Ehre." 115 Jahre Klinikum Bernburg an der Kustrenaer Straße, Letterado-Verlag 2011.
- „Hinterm Horizont allein – Der Prinz von Prora", Projekte-Verlag Cornelius GmbH, 2005/3. Auflage 2010.
- „Der 'Prinz von Prora' im Spiegel der Kritik, Das Trauma NVA und WIR", Projekte-Verlag Cornelius GmbH, 2007.
- Der Prinz und das Proradies. Vom Kampf gegen das kollektive Verdrängen, Projekte-Verlag Cornelius GmbH, 2009.
- „Welch überwältigender Anblick bietet sich unseren staunenden Augen dar!" Ehepaar Pietsch auf Vergnügungsreise an Nord und Ostsee 1908/12, Projekte-Verlag 2008.

Schriftenreihe Denk-MAL-Prora, Bd. 1

Stefan Wolter

KdF und Kaserne: (Un)sichtbare DDR-Geschichte in der Jugendherberge Prora

»Herzliches Willkommen!« zur Spurensuche auf diesem einst verschwiegenen Gelände, das viele junge Menschen geprägt hat. Prora war von Anfang an dabei, als sich der entstehende SED-Staat bewaffnete. Und auch, als erste Waffenverweigerer NEIN zur Aufrüstung sagten. Am Ende der DDR wurde Block V zum größten Standort der sogenannten Spatensoldaten, Wegbereiter der friedlichen Revolution.

Paperback | 978-3-86237-503-5
5,50 Euro | 78 Seiten, 13,8 x 19,6 cm

Schriftenreihe Denk-MAL-Prora, Bd. 2

Stefan Wolter (Hrsg.)

Geheime Aufzeichnungen eines Bausoldaten in Prora: Courage in der Kaserne, der heutigen Jugendherberge

Uwe Rühle erzählt aus der Bausoldatenkaserne (1982/83)
Nach dem Bau der Mauer ging der SED-Staat zu einer rigorosen Wehroffensive über. Im Januar 1962 folgte die Einführung der Wehrpflicht. Auf Bestreben junger Männer sowie der Kirche gelang bald darauf ein im Ostblock einmaliger, aber umstrittener Kompromiss: der waffenlose Dienst in den Reihen der NVA. Zwanzig Jahre später entstand in Prora auf Rügen die größte Einheit von „Spatensoldaten" in der DDR.
Autor Uwe Rühle (1956 –1989) berichtet feinsinnig, wie die friedfertigen Männer ausgebeutet und gedemütigt wurden. Und er erzählt von ihrem Geist und ihrer Gewaltlosigkeit, die sie zu Wegbereitern der friedlichen Revolution machten.
Historiker Dr. Stefan Wolter hat das Werk profund in seiner Zeit situiert. Seit Jahren kämpft er um eine angemessene Sichtweise auf den „Koloss von Prora". Die einst in den Westen geschmuggelten und nun erstmals veröffentlichten Aufzeichnungen sind ein weiteres Plädoyer, die „doppelte Vergangenheit" des unvollendet gebliebenen Seebades „Kraft durch Freude" nicht aus den Augen zu verlieren.

Paperback	978-3-86237-630-8
14,50 Euro	203 Seiten, 13,8 x 19,6 cm
Hardcover	978-386237-629-2
19,80 Euro	203 Seiten, 14,5 x 20,2 cm
eBook	978-3-86237-630-8
8,50 Euro	206 Seiten, PDF, 14,1 Mb

Schriftenreihe Denk-MAL-Prora, Bd. 3

Stefan Wolter

Asche aufs Haupt: Vom Kampf gegen das kollektive Verdrängen der DDR-Vergangenheit in Prora auf Rügen

Mit seinen Publikationen »Der Prinz von Prora« (2005) und »Der Prinz und das Proradies« (2009) initiierte Dr. Stefan Wolter eine veränderte Sicht auf das nie zustande gekommene nationalsozialistische Kraft-durch-Freude-Seebad. Die Diskussion veränderte die Wahrnehmung des Ortes, »von einem NS-Erinnerungsort zu einem Ort mit ›doppelter Vergangenheit‹.« (Politische Memoriale e.V.) Gegen Widerstände gelang es, historische Relikte für die Bildungsarbeit zu schützen und eine Erinnerungstafel für die Waffenverweigerer der DDR im Gelände von Block V, dem »Flaggschiff« des Jugendherbergswerkes, anzubringen. Jedoch: Den Willensbekundungen zur Aufarbeitung der DDR-Geschichte folgte die Isolierung des Initiators. Und im Rahmen der Eröffnung der Jugendherberge Prora verankerte eine Medienkampagne wiederum das KdF-Bad im Bewusstsein. Ein Monsterwerk der Vermarktung, das ausschaltete, was nicht passte. Enthüllt und analysiert werden die komplexen Vorgänge des Verdrängens der DDR-Geschichte sowie die mediale Steuerung der öffentlichen Meinung.

Paperback 978-3-86237-888-3
10,50 Euro 255 Seiten, 13,8 x 19,6 cm

eBook 978-3-95486-061-6
6,50 Euro 254 Seiten, PDF, 1,87 Mb